MARCO POLO

SAMOS

MARCO POLO AUTOR

Klaus Bötig

Der Bremer Reisejournalist kennt Sámos seit 1976 und besucht die Insel seitdem jedes Jahr. Mehr als 70 Bücher hat er über alle Regionen Griechenlands geschrieben. An Sámos liebt er besonders die Strände, die hohen Berge, die Küche, die Weine und die Bodenständigkeit der Insulaner. Unterstützt wird er bei seinen Recherchen von der Ethnologin Dr. Dorothea Schell, die seit 2001 auf Sámos lebt.

REIN INS ERLEBEN

Mit dem digitalen Service von MARCO POLO sind Sie noch unbeschwerter unterwegs: Auf den Erlebnistouren zielsicher von A nach B navigieren oder aktuelle Infos abrufen – das und mehr ist nur noch einen Fingertipp entfernt.

Hier geht's lang zu den digitalen Extras:

http://go.marcopolo.de/sam

Touren-App

Ganz einfach orientieren und jederzeit wissen, wo genau Sie gerade sind: Die praktische App zu den Erlebnistouren sorgt dank Offline-Karte und Navigation dafür, dass Sie immer auf dem richtigen Weg sind. Außerdem zeigen Nummern alle empfohlenen Aktivitäten, Genuss-, Kultur- und Shoppingtipps entlang der Tour an.

HTTP://GO.MARCOPOLO.DE/SAM

Update-Service

Immer auf dem neuesten Stand in Ihrer Destination sein: Der Online-Update-Service bietet Ihnen nicht nur aktuelle Tipps und Termine, sondern auch Änderungen von Öffnungszeiten, Preisen oder anderen Angaben zu den Reiseführerinhalten. Einfach als PDF ausdrucken oder für Smartphone, Tablet oder E-Reader herunterladen.

SYMBOLE

- INSIDER TIPP Insider-Tipp
- ★ Highlight
- ●●●● Best of ...
- Schöne Aussicht
- Grün & fair: für ökologische oder faire Aspekte
- (*) kostenpflichtige Telefonnummer

PREISKATEGORIEN HOTELS

€€€	über 100 Euro
€€	55–100 Euro
€	unter 55 Euro

Die Preise gelten für zwei Personen im Doppelzimmer pro Nacht in der Hauptsaison ohne Frühstück

PREISKATEGORIEN RESTAURANTS

€€€	über 20 Euro
€€	15–20 Euro
€	unter 15 Euro

Die Preise gelten für ein Essen mit Fleischgericht, Kartoffeln, Salat und einem Viertelliter offenen Wein

 Titelthemen: Kloster Megális Panagías S. 68 | Strände Tsamadoú und Tsópelas S. 51, 75

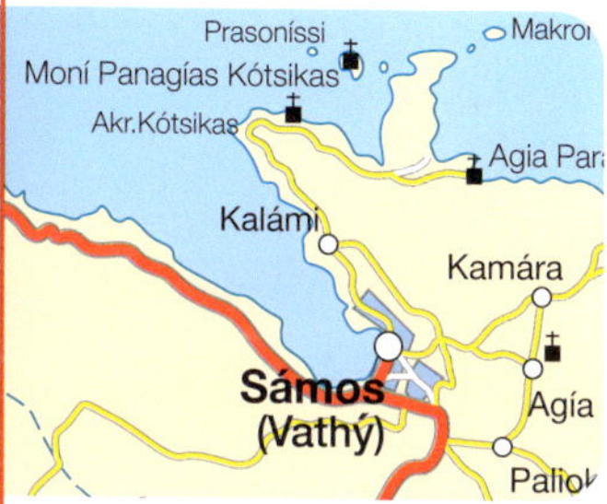

GUT ZU WISSEN

KARTEN IM BAND

(118 A1) Seitenzahlen und Koordinaten verweisen auf den Reiseatlas
(0) Ort/Adresse liegt außerhalb des Kartenausschnitts
Es sind auch die Objekte mit Koordinaten versehen, die nicht im Reiseatlas stehen
(U A1) Koordinaten für die Karte von Vathý (Sámos-Stadt) im hinteren Umschlag

(🕮 A–B 2–3) verweist auf die herausnehmbare Faltkarte
(🕮 a–b 2–3) verweist auf die Zusatzkarte auf der Faltkarte

UMSCHLAG VORN:
Die wichtigsten Highlights

UMSCHLAG HINTEN:
Karte von Vathý (Sámos-Stadt)

Die besten MARCO POLO Insider-Tipps

Von allen Insider-Tipps finden Sie hier die 15 besten

INSIDER TIPP Asien vor Augen

Im *Eptastádio* bei Iréon fühlen Sie sich fast wie im eigenen Garten, denn das typische *mezedopolío* nimmt nur einen kleinen Teil der weiten Rasenfläche ein. Was Sie daheim bestimmt nicht haben, sind der Blick hinüber zu einem anderen Kontinent und die leckeren Kleinigkeiten des niederländisch-griechischen Wirtsehepaars → S. 67

INSIDER TIPP Yoga zur Probe

Noch nie Yoga gemacht? Das Kokkári Windsurf Centre bietet dreimal wöchentlich kostenlose *Yogasessions* an – eine gute Möglichkeit, in Neuland vorzustoßen! → S. 45

INSIDER TIPP Viele Kleinigkeiten

Typische *mezédes* zu kleinen Preisen serviert das moderne Bistro *Room* am Hafen von Vathý → S. 80

INSIDER TIPP Frisch aus dem Ofen

Die deutsche Wirtin im Café *Cávos* in Kokkári backt täglich frischen Kuchen → S. 44

INSIDER TIPP Eis aus Ziegen- und Büffelmilch

Eis einmal ganz anders gibt es in der *Gelateria Orange* in Pythagório. Außer Sorten mit Kuhmilch werden auch welche mit Ziegen- oder gar Büffelmilch angeboten. Und alle 45 Eisvarianten sind ebenso wie die guten Smoothies garantiert hausgemacht → S. 59

INSIDER TIPP Im alten Eselstall

Wo früher die Grautiere gehalten wurden, gibt's heute echte Handarbeiten von der Insel. Der von einer engagierten Samiotin gegründete Laden *Der Webstuhl* in Koumaradei führt auch schöne griechische Mode und Naturkosmetika → S. 70

INSIDER TIPP Strand-Nostalgie

Es gibt solche und solche Beach Bars. Hipp und stylish ist nicht das Maß aller Dinge. Schon gar nicht in der *Old Fashion Beach Bar* von Kóstas und Fotiní in Votsalákia. Denn hier fühlt sich der Gast in herrliche Hippiezeiten zurückversetzt → S. 39

INSIDER TIPP Am Ende der Welt

Dorthin zu gelangen verlangt schon etwas Mut angesichts der einspurigen Piste. Belohnt werden die Gäste der Taverne *Kochýli* aber dann dafür mit deren Lage in völliger Einsamkeit. Langeweile? Kommt nicht auf, denn in Mußeminuten unterhält Sie der Koch mit Spielen → S. 41

INSIDER TIPP Die besten Steaks

Das Restaurant *Taurus* in Iréon serviert perfekt gegrillte Steaks und Lammbratwurst sowie leckeren Lammrücken. Nicht nur für Kinder wird auch eine Currywurst zubereitet → S. 67

INSIDER TIPP Segel en miniature

Das blumenreiche Bergdorf Manolátes (Foto u.) ist schon für sich genommen eine Sehenswürdigkeit. Das schönste Souvenir bringen Sie sich von dort aus dem Laden *To Trelovapóro* mit: Farbig bemalte Pappmaché-Schiffchen, die Betreiberin Emmy selbst herstellt → S. 49

INSIDER TIPP Ein Bein reicht

Wenn Sie im kleinen See am Wege nach Psilí Ámmos große Vögel auf einem Bein stehen sehen, sind es garantiert *Flamingos* → S. 71

INSIDER TIPP Sámos rockt

Jedes Jahr im heißen griechischen August trifft sich in Iréon Hellas *Rockszene* zum *Festival*. Auch Reggae und Elektropop gibt es zu hören → S. 102

INSIDER TIPP Keine Geheimnisse

In der Taverne *Irída* in Stavrinídes dürfen die Gäste in die Küche schauen → S. 51

INSIDER TIPP Harte Zeiten

Im *Folkloremuseum* bei Pythagório sehen Sie, wie die Samioten früher lebten → S. 56

INSIDER TIPP Der beste Mojito

Die Minze für den Mojito wird in der Bar *Ef Zin* in Pythagório für jeden Gast stets frisch geschnitten (Foto li.) → S. 61

BEST OF ...

TOLLE ORTE ZUM NULLTARIF

Neues entdecken und den Geldbeutel schonen

SPAREN

● ***Quellwasser aus Plátanos***

Drei hohe Platanen beschatten den Dorfplatz von Plátanos mit schönen Tavernen und dem alten *Brunnen,* aus dem pures Quellwasser fließt. Nehmen Sie ein paar leere Flaschen mit und füllen Sie sie mit dem Wasser, dessen Reinheit schon in einem alten Volkslied gepriesen wird → S. 37

● ***In der Höhlenkirche***

Touristisch erschlossene Tropfsteinhöhlen sind normalerweise auch in Griechenland eintrittspflichtig. Die kleine Höhle der *Panagía Spilianí* können Sie kostenlos betreten – und erhalten noch das Erlebnis einer originellen Höhlenkirche für lau obendrauf (Foto) → S. 56

● ***Living History in Ágios Issídoros***

In der kleinen Bucht an der Westküste werden bis heute Fischerboote nach traditionellen Verfahren aus dem Holz der am Kérkis wachsenden Kiefern gezimmert. Keine Kasse und keine Zäune verwehren Ihnen den Spaziergang durch lebendige Schiffsbaugeschichte → S. 40

● ***Stiefel für Atatürk***

Karlóvassi avancierte im 19. Jh. zum ägäischen Zentrum der Lederproduktion – mit 50 Gerbereien, die sogar für die osmanische Armee produzierten. Im modernen *Gerbereimuseum* werden Handel und Handwerkskunst anschaulich dokumentiert, der Eintritt ist frei → S. 34

● ***Muskateller ohne Ende***

Den Sommer über veranstalten Inselgemeinden und Winzergenossenschaft *Weinfeste* mit Livemusik und Folklore, z. B. auf Vathýs Uferpromenade. Den Becher kaufen Sie für 3 Euro, Wein wird Ihnen kostenlos eingeschenkt – so viel Sie mögen und vertragen → S. 103

● ***Drei für zwei***

Das *Ireon Rock Festival* findet alljährlich an drei Abenden statt. Einzeltickets kosten jeweils 10 Euro. Wer gleich ein Dreitagesticket kauft, bekommt das dritte Konzert gratis → S. 102

●●●● Diese Punkte zeichnen in den folgenden Kapiteln die Best-of-Hinweise aus

TYPISCH SÁMOS
Das erleben Sie nur hier

Mit Captain Jánnis auf Tour
Einen Traumtag beschert Ihnen *Captain Jánnis* mit seinen Tagesausflügen zur Grill- und Beach-Party am Strand von Tsópelas. Er sorgt nicht nur für reichlich Speis' und Trank, sondern auch für eine ausgelassene Stimmung → S. 75

Dudelsackmusik
Im übrigen Griechenland sehr selten gewordene Töne erklingen auf Sámos noch zum *Kirchweihfest* am Abend des *14. August* an der Kapelle Panagía in Mesókambos nahe Pythagório, wenn sich dort die *tsambouniérides* von Sámos mit ihren aus Ziegenbalgen gearbeiteten Dudelsäcken treffen und die Nacht hindurch aufspielen → S. 103

Modern Style
Für den Urlauber ist meist typisch griechisch, was junge Griechen eher als altmodisch betrachten würden. Denn ebenso typisch für das junge Griechenland sind gut und modern gestylte Restaurants wie das *Funky Lemon* in Karlóvassi → S. 35

Becher der Gerechtigkeit
In der *Töpferei* von Jánnis Kontoroúdas in Karlóvassi wird der für Sámos so typische *Becher der Gerechtigkeit* (Foto) noch von Hand gedreht. Neben anderer traditioneller Keramik sind im Laden auch einige Teller zu bewundern, die der berühmte Lyriker Jánnis Rítsos während seiner Aufenthalte auf Sámos mit eigenen Händen bemalte → S. 30, 36

Das alte Sámos
In seinem *Museumsladen* in Manolátes stellt der Heimatforscher Nikítas Kyparíssis handgefertigte Repliken alten Kunsthandwerks und alter bäuerlicher Geräte aus und bietet traditionelle Kulinaria aus zumeist eigener Herstellung an. So können Sie hier *soúma* und Honig verkosten und viel über samiotische Alltagskultur erfahren → S. 49

Kloster-Revival
Die vielen alten Klöster auf Sámos erleben seit einigen Jahren eine Wiederbelebung durch junge Mönche und Nonnen, die aus anderen Teilen Griechenlands kommen. Besonders spürbar wird sie im Kloster *Megális Panagías* im Inselsüden, wo sich die Mönche nicht nur der Klosterrestaurierung, sondern auch der Öko-Landwirtschaft widmen → S. 68

TYPISCH

BEST OF ...

SCHÖN, AUCH WENN ES REGNET

Aktivitäten, die Laune machen

● *Durchs Dorf bummeln*

Das Bergdorf *Manolátes* (Foto) ist zwar nicht überdacht. Aber hier haben viele nah beieinander liegende Geschäfte so viel Schönes und Ungewöhnliches zu bieten, dass Sie sich wie im Museum mit Einkaufsmöglichkeiten fühlen werden → S. 49

● *Einen schönen Po bewundern*

Der *Kuros* im *Archäologischen Museum* in Vathý ist eine der bedeutendsten Sehenswürdigkeiten der Insel. Der nackte Jüngling ist fast 5 m hoch; die feine Maserung seines strammen Pos ruft nicht nur bei Archäologen Verzückung hervor → S. 81

● *Wein verkosten*

Besichtigen Sie die *Kellereien* des Verbands der Winzergenossenschaften von Sámos in Karlóvassi oder Malagári (Sámos-Stadt) und probieren Sie die berühmten Weine der Insel → S. 36, 79

REGEN

● *Távli spielen bei Kleánthis*

Das große, noch sehr urige Kafenío *O Kleánthis* an der Platía von Néo Karlóvassi ist der Treffpunkt ländlicher Samioten. Für eine Partie Távli haben sie immer Zeit. Wer die Backgammon-Regeln kennt, gesellt sich dazu und lässt sich die leichten Varianten schnell beibringen → S. 35

● *Zuflucht im Weltwunder finden*

In der Antike galt der 1036 m lange *Tunnel des Eupalínos* als Weltwunder. Auf 150 m Länge ist er heute wieder begehbar – ein Regenschutz von einzigartiger Bedeutung (Foto) → S. 58

● *Einfach abtauchen*

Vertiefen Sie an einem Regentag Ihre Kenntnisse über die Insel und tauchen Sie in ihre Unterwasserwelt ab. Die Tauchschule *Aegean Scuba* an der Marina von Pythagório bietet Schnupperkurse für Anfänger an → S. 98

ENTSPANNT ZURÜCKLEHNEN

Durchatmen, genießen und verwöhnen lassen

ENTSPANNT

Hydromassage am Fuße des Kérkis

Ob im Außenpool mit Hydromassage oder im Wellnessbereich – das Hotel *Sirena Residence & Spa* in Votsalákia verwöhnt Erholung suchende Gäste mit den Annehmlichkeiten moderner Wellnesskultur → S. 39

Relaxen mit Flower Power

Sonnenbaden, phantasievolle Drinks am Liegestuhl serviert, Kochkunst mit Finesse im Künstler-Ambiente und das alles bei stimmungsvoller Loungemusik gibt es in der liebevoll gestalteten *Hippy's Beach Bar* am Potámi-Strand → S. 38

„Dies alles ist mir untertänig ..."

In der östlichsten *Inseltaverne* in Possidónio haben Sie Kleinasien ganz dicht vor Augen. Träumen Sie hier wie Marco Polo von einer Lebensreise durch Asien, lassen Sie sich von Ihrem Partner Friedrich Schillers Ring des Tyrannen Polykrates, der auf dem Berg gegenüber gekreuzigt wurde, vorlesen oder tun Sie einfach gar nichts ... → S. 83

Ein Genuss auch für nicht-orthodoxe Ohren

Im Kloster *Zoodóchos Pigí* können Sie im gepflegten, blumenreichen Klostergarten lustwandeln. Lassen Sie sich nicht den sonntäglichen Gottesdienst entgehen und lauschen Sie den Gesängen der Nonnen – ein Genuss, den Sie so bald nicht vergessen werden (Foto) → S. 82

Kino mit Pizza und Loukoumádes

Ein Kinoerlebnis der besonderen Art bietet das *Cine Rex* im Dorf Mytilinií. Das Open-Air-Kino im folkloristischen Ambiente zeigt vor allem englischsprachige Filme. Für die Pause können Sie leckere Pizza bestellen, und am Ende gibt es für alle Mini-Berliner mit Honig und Sesam auf Kosten des Hauses → S. 73

Wellness plus Öko

In der *Pension Ermióni* in Iréon verwöhnt Physiotherapeutin Ulrike Sie mit Massagen und personalisierten Übungen, Ehemann Jánnis mit Marmeladen, Obst und Gemüse aus eigenem ökologischem Anbau → S. 66

AUFTAKT

ENTDECKEN SIE SÁMOS!

Sámos ist eine ***Insel für Individualisten***. Clubanlagen, Mammuthotels und internationale Hotelketten haben hier noch nicht Fuß gefasst. Selbst das einzige etwas größere Resort, das Dóryssa, ist noch in samiotischem Familienbesitz und bietet Zimmer und Apartments im Nachbau eines samiotischen Dorfs sowie sein eigenes volkskundliches Museum. Jeder der sechs bedeutenderen Urlaubsorte an der Küste hat sein ganz eigenes Gesicht, ist unverwechselbar.

Am großen, fast kreisrunden Hafen von Pythagório genießen Sie Ihren ***Eisbecher, Kaffee oder Cocktail*** nur fünf Schritte von ***Fischerbooten und Segelyachten*** entfernt, erreichen ***antike Stätten***, eine ***alte Burg*** und eine ***Höhlenkirche*** in wenigen Minuten zu Fuß. In der Inselhauptstadt Vathý bummeln Sie durch Einkaufsgassen für Einheimische, beobachten wie sie den langsam vorüberziehenden Autoverkehr auf der breiten Uferstraße. In Kokkári verbringen Sie den Tag entweder am ***kilometerlangen Strand*** direkt vor den Hotels oder steuern eine der grün umrahmten Buchten weiter westlich an, sitzen abends in Cafés und Tavernen auf der autofreien Promenade an einer fotogenen Bucht wie aus dem ägäischen Bilderbuch und planen für den nächsten Tag vielleicht eine Wanderung durch ***Weinberge, Olivenhaine und Wälder***. In Karlóvassi

Bild: Fischerhafen in Kokkári

Traumhaft: kilometerlange Strände, hier der Megálo Seitáni, nur zu Fuß oder per Boot erreichbar

sind Sie als Urlauber gegenüber den Einheimischen in der absoluten Unterzahl, können sich fast schon als einer von ihnen fühlen. Ganz anders wird es Ihnen in Votsalákia ergehen, das nur vom Tourismus und seinem langen Strand lebt. Iréon schließlich wirkt wie ein liebenswertes Relikt aus Zeiten, als **_Rucksackurlaub_** in war und man in kleinen Privatpensionen statt Hotels wohnte. All diese unterschiedlichen Orte liegen nahe genug beieinander, um sie auch in einem nur einwöchigen Urlaub kennenlernen zu können. **_Gute und preiswerte Linienbusverbindungen_** machen dafür nicht einmal einen Mietwagen oder -motorroller notwendig.

Die Insel gehört zu den grünsten ganz Griechenlands

Herumzufahren macht auf Sámos besonders viel Spaß: Die Insel ist nicht ägäisch-karg, sondern gehört zu den grünsten Griechenlands. **_Olivenhaine und Pinienwälder_** umsäumen die kleinen Badebuchten im Inselnorden, reichen bis an die langen Strände

1600–1150 v. Chr.
Mykenische Kultur

1150–750 v. Chr.
Die griechischen Stämme der Ionier, Äolier und Dorer dringen in Griechenland ein; auf Sámos siedeln Ionier

750–490 v. Chr.
Archaische Zeit. Entwicklung griechischer Stadtstaaten. Unter dem Tyrannen Polykrates (538–522) erreicht Sámos seine Blütezeit

490–336 v. Chr.
Klassische Zeit

336–146 v. Chr.
Hellenistische Zeit. Das Weltreich Alexanders des Großen wird unter seinen Generälen aufgeteilt

im Inselsüden heran. ***Weinberge*** klettern die Hänge hinauf, gehen weiter oben in duftende Kiefernwälder über. Bunte Bienenstöcke stehen zwischen ***Thymian und Oregano***, im Sommer ist die Luft erfüllt vom ***Gesang der Zikaden***. Im Inselwesten ragt das kahle Felsmassiv des 1433 m hohen Kérkis auf, im Osten trennt eine lediglich 1100 m schmale Meerenge Europa von Asien. Dazwischen locken ***alte Klöster und idyllische kleine Bergdörfer*** ins Hinterland; sie sind durch Wanderpfade miteinander verbunden. All das zusammen ergibt eine abwechslungsreiche Mischung, die Sámos zu einem herrlichen Ziel für Erholungssuchende macht.

So vielfältig wie das Inselinnere und die Städte präsentiert sich auch die 150 km lange samiotische Küste. Bei Votsalákia, Kokkári und Pythagório laden ***kilometerlange Kies- und Kieselsteinstrände*** zum Baden ein. Im äußersten Westen und Osten der Südküste liegen feinsandige Strände, die beide den Namen *Psilí Ámmos* (feiner Sand) tragen. Besonders reizvoll sind die oft von dichtem Grün umsäumten ***kleinen Badebuchten*** der Insel. Manche davon erreichen Sie nur zu Fuß, per Boot oder bestenfalls über raue Pisten per Jeep. Und jeden Tag können Sie eine andere entdecken.

Anders als viele ganz vom Tourismus geprägte griechische Inseln ist Sámos ***nicht nur im Sommer und an den Küsten voller Leben***: Auf den Dorfplätzen unter den Platanen trinken die Männer das ganze Jahr über ihren ***Kaffee und Ouzo***, spielen Kinder bis weit in den Abend hinein. Das liegt vor allem am seit der Antike berühmten ***Sámos-Wein***, der die Weinbauern heute noch ernährt und in ihren Dörfern hält. Die weiße Muskattraube, *áspro moscháto*, verleiht ihm sein Aroma. Früher schätzte man ihn als süßen Aperitif und Dessertwein. Heute werden aus der Traube auch trockene Weine gekeltert, die sich durch ihren feinen Muskatgeschmack auszeichnen.

146 v. Chr.–395 n. Chr.
Sámos ist Teil der römischen Provinz Asia

395–1296
Sámos gehört zum Oströmisch-Byzantinischen Reich

1296–1475
Sámos gerät erst unter venezianische und dann unter genuesische Oberherrschaft

1475
Die Türken erobern Sámos

1821–1829
Freiheitskampf gegen die Türken; Gründung des neugriechischen Staats

1832–1912
Sámos ist christliches Fürstentum im Osmanischen Reich

Der Großteil der etwa 1600 ha umfassenden Rebflächen liegt an den steilen Hängen des Ámbelos-Gebirges im Inselnorden. Auf rund 95 % der Terrassen kultivieren 2850 Winzer auch heute noch die **weiße Muskattraube**. 40 von ihnen sind mittlerweile zum kontrolliert biologischen Anbau übergegangen. Auf den übrigen 5 % der Rebflächen wachsen neben einigen Tafeltrauben vor allem rote Sorten wie *fikianó* und *ritinó*. Die Weinlese beginnt Anfang August und geschieht noch immer ausschließlich von Hand. Die beiden **Genossenschaftskellereien** produzieren etwa 8000 t Wein; 80 % davon werden exportiert. Hauptabnehmer für hochwertige Süßweine ist Frankreich, wo man besonders gern den *Sámos Grand Cru* trinkt. Die trockenen Weißweine wie *Golden Sámaina* und *Psilés Korfés* werden vor allem innerhalb Griechenlands verkauft. Nur für den lokalen Verbrauch bestimmt ist auch der samiotische *retsína*, ein mit dem Harz der Aleppokiefer versetzter Weißwein. Produkte des kontrolliert biologischen Anbaus sind der trockene *Dryoússa* und der süße *Phyllás.*

Die Weinlese geschieht noch immer ausschließlich von Hand

Für die samiotische Wirtschaft von Bedeutung sind auch die **dichten Olivenhaine**, die insbesondere die Küstenebenen von Pythagório und Marathókambos bedecken sowie die Orangenplantagen um Chóra. So wie der Obst- und Gemüseanbau dienen auch die hiesigen **Imkereien** und die Milchwirtschaft vor allem der Deckung des samiotischen Eigenbedarfs. Nutzen bringen schließlich auch die Wälder. Die Kiefern, die an den Hängen des Kérkis gedeihen, liefern ein im **traditionellen Schiffbau** begehrtes Holz, das auch auf den fünf kleinen Bootswerften am Kap Ágios Issídoros im äußersten Inselwesten verwendet wird. Von zwei anderen Gewerbezweigen, die der Insel noch zu Beginn des 20. Jhs. Wohlstand brachten, zeugen Ruinen großer Fabrikgebäude am Stadtrand von Karlóvassi und Vathý. Sámos war im 19. Jh. ein Zentrum der **Tabak- und Lederindustrie**. Die Rohstoffe bezog man vom kleinasiatischen Festland. In den Gerbereien und Zigarettenfabriken wurde die Arbeit eingestellt, als Sámos 1912 Teil des freien Griechenlands wurde. Plötzlich war Kleinasien feindliches Ausland, fehlten die Häute und der Tabak für die Verarbeitung.

Um den Anschluss an Griechenland hatten die Samioten mutig gekämpft. 1475 war ihre Insel Teil des Osmanischen Reichs geworden. Als sich Griechenland 1821 dage-

- **1912** Sámos wird ein Teil Griechenlands
- **1940** Griechenland wird auf Seiten der Alliierten in den 2. Weltkrieg hineingezogen
- **1981/2002** EG-Beitritt/Euro-Einführung
- **2010–heute** Griechenlands Staatsbankrott kann nur durch internationale Finanzhilfen, massive Steuererhöhungen, Lohn- und Rentenkürzungen und viele weitere Sparmaßnahmen verhindert werden
- **2016** Die Flüchtlingskrise schadet dem Tourismus auf Samos

Weinlese im September: Der Wein von Sámos war schon in der Antike berühmt

gen erhob, schlossen sich viele Samioten dem Freiheitskampf an und vertrieben die Türken von ihrer Insel. Als durch das Londoner Protokoll von 1830 der neugriechische Staat offiziell gegründet wurde, durfte sich Sámos ihm aber nicht anschließen. Die Insel blieb zwar im Osmanischen Reich, erhielt aber eine Sonderstellung mit vielen Privilegien. Von 1832 an wurde sie von einem einheimischen, christlichen Fürsten regiert, den der türkische Sultan ernannte. Wieder wurden türkische Truppen auf der Insel stationiert. 1912 brach dann erneut ein Aufstand aus, der zur endgültigen Vertreibung der Türken führte. Die Samioten wählten nun ein ***eigenes Parlament***, das am 11. November 1912 den ***Anschluss ans freie Griechenland*** proklamierte. Für die Freiheit bezahlte man mit wirtschaftlichem Niedergang. Eine ähnliche wirtschaftliche Glanzzeit hatte Sámos im Altertum erlebt, im 6. Jh. v. Chr., unter der Herrschaft des Tyrannen Polykrates. 538 v. Chr. entriss der reiche Kaufmann den bis dahin herrschenden Adelsgeschlechtern die Macht. In den 16 Jahren seiner Herrschaft machte er Sámos durch Kriege und Seeräuberei zur bedeutendsten Insel in der Ägäis.

Im Altertum: bedeutendste Insel der Ägäis

Die Bauten des Polykrates in dem Gebiet von Pythagório gehören zu den großen historischen Sehenswürdigkeiten der Insel. Sonst hat sie Studienreisenden allerdings relativ wenig zu bieten. Dagegen ist Sámos ein ideales ***Urlaubsziel für Naturliebhaber***. Für jeden Geschmack gibt es auf der Insel die richtige Badebucht. Trotz fehlender Markierungen und Wanderkarten können Sie auf Sámos gut wandern. In den Bergdörfern lässt sich noch ***ursprüngliches griechisches Bauernleben*** entdecken. Schiffe bringen Sie für einen Tag auf kleinere Nachbarinseln und in die Türkei. Packen Sie die ***Wanderschuhe*** neben die ***Badehose*** und schauen Sie sich diese Insel am Ende Europas an!

IM TREND

1 In der Unterwelt

Erforschen Unter Sámos' Oberfläche gibt es einiges zu entdecken. Mehr als 70 Höhlen bilden eine sehenswerte Unterwelt – darunter auch die Höhle des Mathematikers Pythagoras. Der Caving-Club *Efpálinos (Mytilinií | www.samos-caves.gr)* erkundet die Höhlensysteme und nimmt Besucher mit in die Welt der Stalaktiten und Stalagmiten. Eine besondere Schönheit ist die Markoulishöhle bei Kallithéa. Dort sind die Tropfsteine zu Säulen zusammengewachsen. Organisierte Höhlentouren vermittelt auch *www.samosoutdoors.com*.

2 Lieferservice

Beach-Butler Sonnencreme, eine kalte Cola und ein kleiner Snack? Damit macht Sámos' Strandlieferservice die Sonnenanbeter glücklich. Erfrischende Wassermelone liefert das *Rematáki (Pythagório)* bis an den Liegestuhl, die Kellner des *Glicorisa Beach Hotel (2 km östlich von Pythagório)* mixen den perfekten Drink, damit Sie keine Sekunde des Sonnenuntergangs verpassen. Am Ufer von Pythagório serviert auch das Restaurant *Faros* kleine Köstlichkeiten, damit Sonnenanbeter und Wasserratten bei Kräften bleiben.

3 Vollgas im Wasser

Scooter Mit einem Scooter entdecken Sie die Unterwasserwelt im Nu. Die akkubetriebenen Geräte sind der Hit bei Tauchern und Schnorchlern, die so große Areale erkunden können. Wie das Gerät zu bedienen ist, erfahren Sie bei *Aegeanscuba (www.aegeanscuba.gr)* in Pythagório. Bei der Einweisung wird auch auf den Schutz der Unterwasserwelt eingegangen. Anthony Nicolaides vermietet die Scooter im *Samos Dive Center (www.samosdiving.gr)* in Pythagório.

Auf Sámos gibt es viel Neues zu entdecken. Das Spannendste auf diesen Seiten

Schmuckes Design

4

Handgemacht Kleine Unikate wie die Ketten und Armbänder von *Chrysotheque (Agíou Pelagous / Pythagório)* sind doch die schönsten Urlaubsandenken. Der Schmuck wird aus Naturmaterialien wie Holz, Muscheln und Samen, aber auch aus Gold, Silber und Edelsteinen hergestellt. Echte Hingucker sind die Kreationen von *Cool Cat (www.jewelery-design-samos.com) (Foto)* in Kokkáris Haupteinkaufsstraße. Wenn Sie eine der Ketten mit überdimensioniertem Stein, die farbenfrohen Ohrringe oder einen der Armreife mit seiner ungewöhnlichen Verzierung tragen, haben Sie ein ideales Small-Talk-Thema am Leib. Vergleichsweise pur kommen dagegen die handgefertigen Stücke von *Lyxnos (Kokkári)* daher.

Neue alte Klänge

5

Tradition trifft Pop Die jüngeren Samioten lieben zunehmend moderne Musik mit Anklängen an alte griechische Traditionen. Gern hören sie den schon 1959 geborenen Thanásis Papakonstantínou oder den fast gleichaltrigen Sokratís Malamás, die fetzigen Rock mit traditionellen Klängen garnieren. Die von der westlichen Popkultur angeregte zeitgenössische Volksmusik „Laikó" vertreten z. B. Paóla Fóka oder Yánnis Ploutárchos. Auch auf Sámos gewinnt die kretische Kurzhalslaute Lyra an Beliebtheit mit Interpreten wie Kretas Topstar Psarantónis oder dessen Sohn Giórgos Xyloúris, der mit der Formation Xyloúris White seit 2013 durch die Welt tourt. Mit der Band „Villagers of Ioannina City" (Kurz: VIC) ist nun sogar die Metal-Szene auf traditionelle Klänge eingegangen. Folk mischt sich bei Ihnen mit Experimental, Stoner und Psychedelic Rock.

FAKTEN, MENSCHEN & NEWS

AGÍA, ÁGII, ÁGIOS

Die drei Wörter *Agía, Ágii* und *Ágios* begegnen Griechenland-Reisenden immer wieder. Sie sind Teil von Orts- und Kirchennamen, kommen in den Namen von Fischerbooten oder auch Autofähren vor. *Agía* heißt Heilige, *Ágios* Heiliger, *Ágii* ist die Mehrzahl von beiden. Der Gottesmutter Maria gebührt ein besonderer Ehrenname. Sie ist die *Panagía*, die Allheilige.

BYZANZ

Statt vom Mittelalter spricht man in Bezug auf Griechenland zumeist von der byzantinischen Zeit. Sie fällt ziemlich genau mit unserem Mittelalter zusammen, beginnt mit Kaiser Justinian im 6. Jh. und endet mit der Eroberung Konstantinopels durch die Türken im Jahr 1453. Konstantinopel – das heutige Istanbul und antike Byzantion – war die Hauptstadt jenes Reichs, das in seinen besten Zeiten bis zur Straße von Gibraltar und weit nach Vorderasien und Nordafrika hineinreichte.

FAUNA

Die Tierwelt auf Sámos ist für griechische Inselverhältnisse relativ artenreich. Wölfe, die es im 18. Jh. noch gab, sind zwar ausgestorben, aber Goldschakale sind hier noch immer zu Hause. Menschen werden sie nicht gefährlich. Andere größere Säugetiere auf der Insel sind Igel, Füchse, Hasen und Marder. Weitaus häufiger als diese Vierbeiner sieht man Reptilien. Zehn Schlangenarten, darunter

Bild: Innenhof im Kloster Megális Panagías

Von Agía bis Umweltschutz: Was Sie zum Verständnis des alten und des neuen Sámos wissen sollten

zwei Wasserschlangen, leben auf Sámos, zwei Landschildkröten- und elf verschiedene Eidechsenarten. In der Saline von Mykáli überwintern von Dezember bis April gelegentlich Flamingos. Ganzjährig entdeckt man mit etwas Glück in den Bergen Greifvögel, darunter den Zwerg-, den See- und den Schlangenadler, den Adlerbussard und den Wanderfalken.

FLORA

Nur wenige griechische Inseln sind so grün wie Sámos. Die Wälder werden von Kiefernarten, Zypressen, Eichen und Steineichen, Platanen, Walnuss-, Lorbeer- und Johannisbrotbäumen gebildet; in über 600 m Höhe kommen auch Schwarzkiefern vor. In der Macchia wachsen Mastixsträucher und Erdbeerbäume. Weite Flächen sind mit Kräutern wie Thymian, Oregano, Salbei und Rosmarin bedeckt. Birnen, Äpfel, Pfirsiche, Esskastanien und Feigen sind ebenso zu finden wie Orangen- und Zitronenbäume. Auf salzigen Böden gedeiht die Tamariske, die auch an manchen Stränden Schat-

Auch verschiedene Schmetterlinge genießen das Grün auf der Insel

ten spendet. An den Straßen und auf Berghängen der Insel blüht im Frühjahr Ginster, an Straßen und Bächen wächst üppig Oleander. Beliebte Zierpflanzen an Hauswänden und in Gärten sind Bougainvillea und Hibiskus. Fruchtbäume, die man bei uns nicht kennt, sind der zart rot blühende Granatapfelbaum und der Mispelbaum, der schon im Frühjahr orangegelbe Früchte trägt, die zwar etwas säuerlich, aber auch sehr erfrischend sind. Besonders blütenreich zeigt sich Sámos zwischen Februar und Mai, wenn auf Wiesen und Weiden zahllose Blumen gedeihen: Klatschmohn und Kalla, wilde Tulpen, Gladiolen und Anemonen.

FLÜCHTLINGE

2015 war Sámos eins der bedeutendsten Eingangstore in die EU für Flüchtlinge aus Asien und Afrika. Auch 2016 kamen hier noch täglich etwa 40–60 von ihnen per Boot an. Auf Sámos liegt nahe Vathí eines der vier Hot Spots genannten Auffanglager auf den griechischen Inseln. Auf Touristen hatte das 2016 überhaupt keine Auswirkungen, Flüchtlinge waren in den Ferienorten und an den Stränden kaum zu sehen. Trotzdem musste die Insel 2016 sehr starke Einbußen im Tourismus erleiden.

FRISUREN

Was im Kopf eines Mannes drin ist, erschließt sich nicht auf den ersten Blick. Aber was drauf ist. Darum gehören Modellierpaste, Beach-Effekt-Spray und Texture Powder zur Grundausstattung jedes besseren samiotischen Coiffeurs. Konturen kurz, Deckhaar lang, das ist angesagt. Jüngere neigen außerdem zum Dutt, ältere Freaks ziehen den guten, alten Pferdeschwanz vor. Nur eine Glatze lässt wenig Alternativen. Da greift „mann" gern zum Toupet.

GÖTTERWELT

Für die Griechen der Antike waren Götter allgegenwärtig. Sie glaubten, die Götter mischten sich in Kriege und ins Alltagsleben ein, hätten Liebschaften mit Irdischen und legten großen Wert darauf, dass die Menschen sie gebührend ehren. Die wichtigsten Kultstätten waren ihre Tempel.

Die Römer übernahmen später weitgehend die Götter der Griechen und gaben ihnen lateinische Namen. Da die bei uns oft bekannter sind als die griechischen, stehen in der folgenden Beschreibung die römischen Götternamen in Klammern: Göttervater *Zeus* (Jupiter) galt als mächtigster Gott. Seine Gemahlin war *Hera* (Juno), deren Hauptheiligtümer auf der Insel Sámos und bei Árgos auf dem Peloponnes lagen. Sie beschützte die Ehe. Brüder des Zeus waren der Meeresgott *Poseidon* (Neptun) und *Hades* (Pluto), der Gott der Unterwelt. Ein Sohn des Zeus und der Hera war *Hephaistos* (Vulcanus), der Gott der Schmiedekunst und Juweliere. Seine Gemahlin *Aphrodite* (Venus) war die Göttin der Liebe; ihr Geliebter war der Kriegsgott *Ares* (Mars). Aus einem außerehelichen Verhältnis des Zeus ging *Apoll* hervor, der Gott der Schönheit, des Lichts und der ärztlichen Kunst. Seine Zwillingsschwester war *Artemis* (Diana), die Göttin der Jagd. *Dionysos* (Bacchus) war der Gott der Fruchtbarkeit, des Weins und des Theaters; ihm huldigt man auch heute noch gern überall in Griechenland.

IKONEN

Darstellungen von Heiligen und biblischen Ereignissen auf Tafelbildern nennt man in der orthodoxen Kirche Ikonen. Man findet sie in allen Gotteshäusern, aber auch in vielen Autos, Bussen, Geschäften, Restaurants und Wohnungen. Sie sind „Tore zum Himmel", bringen den Heiligen ins Haus, machen ihn präsent. Seine Augen sind dem Betrachter fast immer frontal zugewandt und schaffen so eine Verbindung zwischen dem Geist des Gläubigen und dem des Dargestellten. Deswegen genießen die Ikonen auch solch auffallend große Verehrung. Sie werden geküsst, mit Edelmetall, kostbaren Vorhängen sowie Uhren geschmückt und manchmal auch bei Prozessionen um die Kirche, durch den Ort oder aber über Felder und durch Olivenhaine getragen. Ikonen werden als Konsulate des Himmels auf Erden angesehen. Sie werden behandelt, als wären sie der oder die Heilige selbst.

KIOSKE

Kioske, auf Griechisch in der Einzahl *períptero* genannt, stehen auf jedem Platz, in den Städten und Dörfern stets an größeren Kreuzungen. Sie sind Monumente griechischer Alltagskultur und auch von der Bauweise her oft sehr originell. Meist sind sie täglich von frühmorgens bis spätnachts geöffnet und bieten alles an, was dringend gebraucht werden könnte: Zigaretten und Rasierapparate, Zahnbürsten und Kämme, Kondome, einzelne Zigaretten und vieles mehr.

KOMBOLOI

Vor allem ältere griechische Männer tragen stets ein *komboloi* bei sich, ein dem Rosenkranz ähnliches Kettchen. Es hat jedoch keinerlei religiöse Bedeutung, sondern dient nur dem Zeitvertreib. Wahrscheinlich haben es die Griechen einst in Abwandlung der islamischen Gebetskette übernommen.

KRISE

Von den Begleiterscheinungen der griechischen Finanz- und Gesellschaftskrise wie Steuererhöhungen, Lohn-, Gehalts-

und Rentenkürzungen, der Kurzarbeit, den Entlassungen und dem rasanten Anstieg der Lebenshaltungskosten sind die Menschen auf Sámos natürlich genauso betroffen wie in den anderen Landesteilen. Junge Menschen entschließen sich zur Auswanderung, wenn sie die Möglichkeit dazu haben. Immer mehr Häuser und Grundstücke werden mit dem Schild „For Sale" versehen. Gewerbetreibende beklagen seit der Saison 2011 Einbrüche vor allem im Binnentourismus.

Allerdings gibt es auf Sámos weder Massenproteste noch Ausschreitungen. Die Menschen begegnen der Krise, indem sie sich auf traditionelle Überlebensformen und Werte rückbesinnen. Landwirtschaftliche Selbstversorgung (Gärten, Kleinviehhaltung), wechselseitige Hilfeleistungen, der Austausch von Waren und Dienstleistungen, Improvisationstalent und ganz allgemein Gemeinschaftssinn treten bei der Bewältigung des Alltags wieder mehr in den Vordergrund.

In der Einsicht, dass der Tourismus auf der Insel der einzige Weg aus der Krise ist, bemüht man sich, in Hotels und Tavernen trotz rapide steigender Unkosten das Preisniveau der Vorjahre zu halten, ohne an der Qualität zu sparen. Und begegnet den Urlaubern aller Nationalitäten meist mit herzlicher Gastfreundschaft.

Von Sparmaßnahmen sind übrigens manchmal auch archäologische Stätten und Museen betroffen: Sie können monatelang ganz geschlossen sein oder verkürzte Öffnungszeiten haben.

LOSVERKÄUFER

Losverkäufer gehören zum griechischen Straßenbild wie orthodoxe Priester und Kioske. Es gibt zwei Arten von Losen: Rubbellose mit sofortigem Gewinnentscheid und Lose der Staatslotterie, deren Gewinnnummern an jedem Montagabend gezogen werden.

MUSIK

Die griechischen Rundfunksender spielen weit mehr griechische als ausländische Musik. Das Angebot ist dabei freilich nicht auf die bei uns bekannten Sirtáki-Klänge beschränkt. Auch Griechenrock und Griechenpop sind weit verbreitet. Hinzu kommt die traditionelle Volksmusik, in der die *Nissiótika,* die Insellieder, eine große Rolle spielen. Besonders oft hört man das Lied von der *Samiótissa,* das eine junge Samiotin besingt. Auch zur klassischen Musik kann Sámos beisteuern: Manólis Kalomíris (1883 bis 1962) aus Karlóvassi gilt als einer ihrer bedeutendsten griechischen Vertreter.

RELIGION

Nahezu alle griechischen Staatsbürger sind griechisch-orthodox getauft. Überall auf den Inseln begegnet man den orthodoxen Priestern, die als Popen zu bezeichnen etwas abfällig ist. Auf Griechisch heißen sie *pappádes* (Einzahl: *pappás*). Sie tragen lange, dunkle Gewänder und eine schwarze Kopfbedeckung, unter der meist ein mehr oder minder langer Zopf hervorschaut. Solange die Natur mitspielt, sind Priester langhaarig und vollbärtig, denn sie glauben, was Gott wachsen lässt, soll der Priester nicht ohne Not abschneiden oder rasieren. Orthodoxe Priester dürfen vor der Priesterweihe heiraten und haben oft große Familien. Sie werden vom Staat bezahlt.

Die orthodoxen Christen beklagen einerseits das Werk der evangelischen Reformatoren, erkennen andererseits aber den Papst nicht als Oberhaupt der Christenheit an. Die vom Papst verkündeten Dogmen sehen sie keinsfalls als von Gott gegeben an. Sie fühlen sich den Aposteln und ersten Christen eng verbunden, weil sie ihre Grundsätze aus dem Frühchristentum entwickelt und seit

Bis weit in den Abend hinein sitzen die Dorfbewohner in der Taverne beisammen

dem 9. Jh. nicht mehr verändert haben. Die große Bedeutung der Kirche lässt sich auch an den Flaggen ablesen: Neben der weiß-blauen griechischen Nationalflagge finden Sie vor den Kirchen häufig auch die offizielle Flagge der griechischen Orthodoxie: der schwarze byzantinische Doppeladler auf gelbem Grund.

UMWELT- UND TIERSCHUTZ

Der Schutz der Umwelt steht in Sámos noch am Anfang. Nach wie vor wird vielerorts das Abwasser ungeklärt ins Meer oder die Natur geleitet; noch immer finden sich abseits der beiden städtischen Deponien außerhalb von Sámos-Stadt bzw. Karlóvassi bisweilen wilde Müllkippen. Und noch immer wird der meiste Strom aus Öl erzeugt. Die Windenergieanlagen bei Pythagório und Marathókambos decken erst etwa 16 % des Stromverbrauchs der Insel ab. Immerhin wird inzwischen ein Großteil des Wassers mittels Sonnenkollektoren erwärmt, Glas, Papier und Plastik kann man am Hafen von Sámos-Stadt als Sondermüll anliefern, in vielen Geschäften finden Sie Sammelbehälter für gebrauchte Batterien. Auch einige wenige Photovoltaik-Anlagen zur Energiegewinnung wurden inzwischen installiert. Dem Schutz der Natur zu Wasser und zu Land widmet sich mit großem Engagement die internationale Organisation *Archipélagos* in Marathókambos *(www.archipelago.gr)*. *Animal Care Samos* wiederum hat sich dem Schutz der Haustiere, besonders der Streuner, verschrieben und unterhält in Vathý eine tierärztliche Praxis sowie ein Tierheim außerhalb der Stadt *(www.animalcaresamos.com)*.

ESSEN & TRINKEN

Das griechische Essen kann so vielfältig sein wie griechische Landschaften. Das merken Sie besonders deutlich, wenn Sie einmal bei Griechen daheim eingeladen sind.

In den Tavernen und Restaurants allerdings breitet sich das Sommerhalbjahr über ***vielerorts eine touristische Einheitsküche*** aus. Schuld daran sind die Urlauber zum Teil selbst. 80 Prozent von ihnen bestellen immer das Gleiche: Bauernsalat und *mussaká, suvláki,* gefüllte Tomaten und Schwertfischfilet. Da resignieren manche Wirte und passen sich dem Trend an.

Sámos bildet eine löbliche Ausnahme. Zwar gibt es auch hier die gängigen Gerichte, aber selbst sie sind aufwendiger gewürzt und feiner abgeschmeckt als auf den meisten anderen Inseln. ***Zimt und Kreuzkümmel, Koriander, Lorbeerblätter und Wacholderbeeren*** sind noch häufig in Saucen zu finden. An Zwiebeln und Kräutern wird nicht gespart.

In vielen Restaurants und Tavernen kann man die Auswahl an gekochten Gerichten und rohem Grillfleisch im Warmhalte- bzw. Kühltresen begutachten. Ein Blick in die Kochtöpfe – früher Markenzeichen griechischer Lokale – wird heute nur noch selten gestattet. ***Frischen Fisch wählt man immer selbst aus*** dem Kühltresen oder Kühlschrank aus. Sein Preis richtet sich nach Gewicht und ist meistens sehr hoch. Beim Abwiegen sollten Sie unbedingt dabei sein, um hinterher von der Rechnung nicht überrascht zu werden.

Bild: Frittierte Meeresfrüchte und Fische

Wo die kulinarische Welt noch in Ordnung ist: Kräuter und Gewürze tragen zum guten Ruf der samiotischen Küche bei

Frühere Armut und die langen, einst strikt eingehaltenen Fastenzeiten vor Ostern und Weihnachten haben auf Sámos eine Vielzahl von rein vegetarischen Gerichten populär gemacht. Immer mehr findet man sie jetzt auch in Tavernen. So sind Hülsenfrüchte wie Linsen, Platterbsen *(fáva)* und alle Bohnensorten wichtige Elemente im traditionellen Speiseplan. Beachtlich ist auch die ***Leidenschaft für gefüllte Speisen aller Art***. Kaum eine Gartenfrucht, die nicht mit einer mit Kräutern und Gewürzen angereicherten Reismischung gefüllt und im Backofen gegart wird. Neben bekannten Früchten wie Tomaten, Paprikaschoten, Auberginen und Zucchini gibt es gleichermaßen gefüllte Zwiebeln, Weinblätter, Weißkohlblätter oder Zucchiniblüten.

Griechen gehen abends selten allein oder nur zu zweit zum Essen aus. Für sie ist die ***fröhliche Tischgemeinschaft, paréa genannt***, ebenso wichtig wie der kulinarische Genuss. In einer *paréa* bestellt man immer viele verschiedene Speisen. Sie werden in die Mitte des Tisches ge-

SPEZIALITÄTEN

békri mezé – Rindergulasch in einer gut gewürzten Sauce, meist mit vielen kleingeschnittenen Paprikaschoten
briám – Art Ratatouille aus verschiedenen Gemüsesorten, zu denen fast immer Zucchini und Auberginen gehören
exochikó – Lammfleisch, zusammen mit Gemüse und Sauce in Aluminiumfolie gebacken
fáva – ein Püree aus gelben Erbsen, das mit Olivenöl und Zwiebeln vermischt gegessen wird
imám baildí – mit Tomaten und Zwiebeln gefüllte Auberginen
jurvalákia – Hackfleischbällchen in Zitronen-Ei-Sauce
juvétsi – überbackene, Reis ähnlich sehende Nudeln mit Rindfleisch (manchmal auch mit Lamm)
kolokithósupa – Kürbissuppe
lukanikópitta – mit einem Wiener Würstchen gefüllte Blätterteigtasche
marídes – knusprig ausgebackene Sardellen, die man mit Haut und Gräten, Kopf und Schwanz verzehrt
mussaká – Auflauf aus Auberginen, Hack und Bechamelsauce; manchmal auch mit Kartoffeln
patsá – Kuttelsuppe, die besonders gern am Ende einer durchzechten Nacht oder von Marktbesuchern am frühen Morgen gegessen wird. Zum Nachsäuern steht in Tavernen, die *patsá* servieren, immer Essig auf dem Tisch
patsária – Rote Bete, entweder kalt als Salat oder lauwarm mitsamt der Pflanzenblätter als Gemüse serviert
pirivolárika – mit etwas Lammfleisch gefüllte und mit Käse überbackene Auberginen, fein abgeschmeckt mit Zimt und Kreuzkümmel
revithókeftédes – Art Reibekuchen aus Kichererbsenmehl
spanakópitta – mit Spinat gefüllte Blätterteigtasche (Foto re.)
suvláki – Fleischspieß
táramosaláta – rosa bis rötliches Püree aus Kartoffeln oder eingeweichtem Brot und Fischeiern, als Teil eines Vorspeisentellers beliebt (Foto li.)

stellt. Jeder nimmt sich, wovon er mag und so viel er mag.
Nahezu alle Restaurants und Tavernen, die nicht nur von Touristen leben, sind den ganzen Tag über geöffnet. Für den kleinen Hunger zwischendurch sind die *psistariá* genannten Imbissstuben eine gute Alternative zum Restaurant. Dort

können Sie im Stehen oder Sitzen *gýros* in Fladenbrot oder *gýros* als Tellergericht *(merída)* bestellen, Frikadellen, Landwurst und oft auch Hähnchen. Pommes frites gehören immer dazu.

Liebhaber süßer Leckereien sind im *zácharoplastío*, der griechischen Konditorei, am richtigen Platz. Neben Cremetörtchen und Sandkuchen gibt es hier orientalische Spezialitäten wie den **mit Walnuss, Mandeln und Honig gefüllten Blätterteigkuchen baklavás** und den mit Grieß gefüllten Blätterteigkuchen *galaktoboúreko*. Auf Festen werden häufig *loukoumádes* angeboten, eine kleine Variante des deutschen Berliners, die mit Zimt, Honig und gehackten Walnüssen übergossen wird. In mancher Dorftaverne wird vor allem während der Weinlese im August/September *moustalevriá* gekocht, ein **Pudding aus eingedicktem Traubenmost mit Zimt und Walnüssen**.

Das griechische Nationalgetränk war und ist **Wasser**. In manchen Lokalen erhält man kostenlos eisgekühltes Leitungswasser, woanders muss man Mineralwasser bestellen.

Sámos ist für seinen **Wein** berühmt. Aus der genossenschaftlichen Kellerei stammen die trockenen Weißweine *Samaina, Samaina Golden* und *Doryssa,* der trockene Roséwein *Selana* sowie die süßen Weine *Samos Nectar, Samos Doux, Anthemis* und *Grand Cru.* Sie alle werden aus der samischen Muskattraube gewonnen, deren Anbau und Vermarktung allein der Genossenschaft vorbehalten ist. Außerdem produziert sie auch Bioweine und einen samiotischen *retsína.*

Das alkoholische Nationalgetränk ist **Ouzo**, ein Anisschnaps, entweder pur, mit Eis oder Wasser getrunken. Besonders in Dorftavernen gibt es auch den klaren **Tresterschnaps súma**, der in fast jedem samiotischen Weindorf im Herbst in Destillen unter freiem Himmel hergestellt wird.

Kaffee zu bestellen ist in Griechenland eine Wissenschaft für sich. Sie haben die Wahl zwischen griechischem Mokka, *kafé ellinikó,* heißem Instantkaffee, *ness sestó,* und kaltem, schaumig geschlagenem und mit Eiswürfeln serviertem Instantkaffee, *frappé.* Beim griechischen Kaffee gibt man bei der Bestellung den gewünschten Süßegrad an, da das Wasser zusammen mit dem Kaffeemehl und dem Zucker aufgekocht wird: *skétto,* ohne Zucker; *métrio,* mit etwas Zucker; *glikó,* mit viel Zucker. Griechischen Kaffee trinkt man grundsätzlich ohne Milch. Wünscht man seinen Nescafé mit Milch, fügt man *mä gála* an. Mittlerweile sind freilich fast überall auch Espresso und Cappuccino heiß oder eisgekühlt zu haben.

Für gute Tropfen ist gesorgt

EINKAUFEN

Die Portemonnaies der Souvenirjäger werden auf Sámos geschont. Dafür bleibt für die Souvenirsuche viel Zeit: Einschlägige Läden sind während der Touristensaison täglich von 10 bis 23 Uhr geöffnet.

HONIG

Kiefernwälder und die Phrygána mit ihren Thymiansträuchern sorgen für einen schmackhaften Honig. Am besten kauft man ihn direkt bei den Imkern, die ihre Verkaufsbuden an der Straße zwischen Pírgos und Plátanos hoch oberhalb der Südküste aufgebaut haben.

IKONEN

Alte Ikonen dürfen nur mit Sondergenehmigung exportiert werden. Für neu gemalte Ikonen braucht man sie nicht. Gute neue Ikonen findet man vor allem in der Hauptstraße von Pythagório und im Bergdorf Manolátes.

KERAMIK

Keramischer Verkaufsschlager ist der ● *Gerechtigkeitsbecher des Pythagoras.* Er fehlt in kaum einem Souvenirgeschäft. Der nach dem Prinzip der kommunizierenden Röhren aufgebaute Trinkbecher bestraft jeden, der zu gierig einschenkt: Füllt man ihn bis über die Strichmarkierung hinaus, leert er sich sofort völlig und man sitzt vor einem leeren Becher.

KRÄUTER & CO

Sámos' „Kräuterhauptstadt" ist das Bergdorf Koumaradéi. Kräutersammler tragen hier ihre Ernte zur „Kräuterfabrik", wo sie gereinigt, getrocknet und verpackt werden. Seit einigen Jahren widmet sich die Tochter des Hauses zudem voller Neugier und Leidenschaft der Herstellung ätherischer Öle aus samiotischen Kräutern.

KULINARIA

Wer sich an die EU-Sicherheitsregeln für den Luftverkehr hält, darf im Flugzeug leider kein Olivenöl von Sámos mit nach Hause nehmen: Weder im Handgepäck noch (wegen leichter Entflammbarkeit) im aufgegebenen Koffer ist es erlaubt. Da bleiben als Alternative eingelegte Oliven und Olivenseife, Marmeladen oder in Zuckersirup eingelegte Früchte aller Art von Kirschen bis zu Tomaten, von Auberginen bis zu Quitten. Man bekommt sie in bester Qualität in den Naturkost-

Kunsthandwerk und Kulinaria: Die Auswahl an inselspezifischen Mitbringseln ist klein – dafür stammt vieles direkt vom Hersteller

läden der Städte, aber auch in Tavernen und Pensionen direkt vom Erzeuger.

MUSIK

Ob traditionelle samiotische Volksmusik oder die Rock- und Popklänge der griechischen Charts – in den Musikshops der vier Inselstädtchen sind sie alle auf CD erhältlich.

MUSIKINSTRUMENTE

Der letzte Instrumentenbauer der Insel lebt in Pythagório. Dort fertigt Jánnis Loulourgás die für die Volks- und Rembétiko-Musik typischen Saiteninstrumente *Bouzoúki* und *Baglamá*. Einige fertige Instrumente hat der Meister immer vorrätig *(Odos Metamórfosis Sotiroú)*.

SCHMUCK

Juweliere, die ihr gesamtes Angebot selbst gefertigt haben, gibt es auf Sámos nicht. Dafür findet man vor allem in Pythagório aber einige Schmuck- und Kunstobjektegeschäfte, die ihre Waren bei Juwelieren und Goldschmieden aus allen Teilen Griechenlands persönlich auswählen und auch Unikate anbieten.

TEXTILES

Die alte Kunst der Weberei wird auf Sámos nur noch von ganz wenigen Frauen gepflegt. Mit ihnen arbeitet die Inhaberin des Geschäfts „Der Webstuhl" in Koumaradéi eng zusammen. Sie besitzt auch noch einen kleinen Vorrat an alten Webarbeiten.

WEINE & SPIRITUOSEN

Weine kauft man am besten in den beiden Kellereien in Vathý und Karlóvassi, samiotischen Ouzo, Tresterschnaps und Brandy in den Verkaufsfilialen der Destillerien. Wer es etwas süßer mag, findet dort auch Muskat- und Bananenliköre.

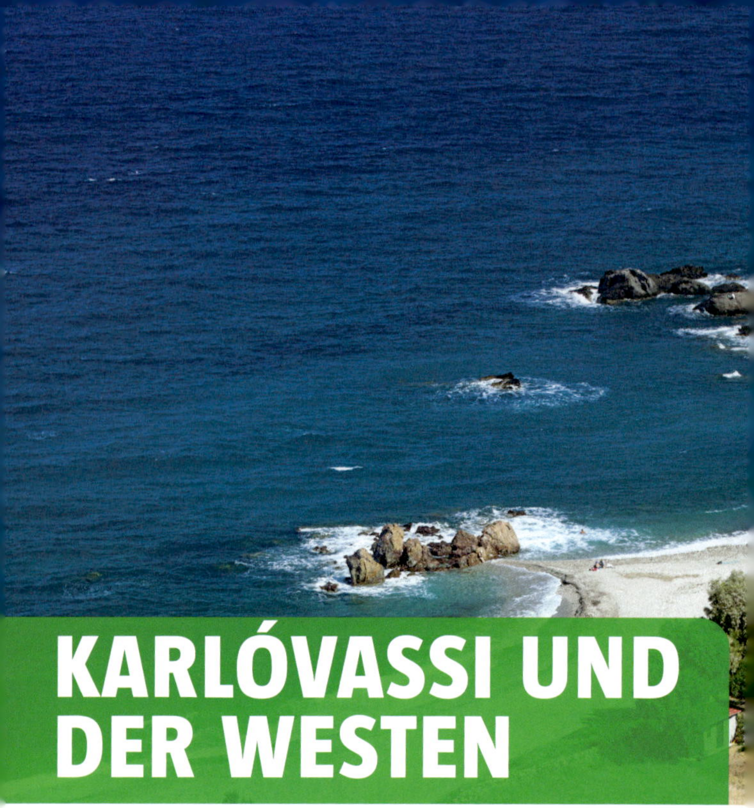

KARLÓVASSI UND DER WESTEN

Zwei extrem unterschiedliche Orte bieten sich Ihnen im „wilden Westen" der Insel für den Urlaub an.

In Karlóvassi, dem zweitgrößten und noch sehr ursprünglich gebliebenen Inselstädtchen, verbringen Sie Ihre Ferien überwiegend unter Einheimischen, sitzen mit Ihnen auf typisch griechischen Plätzen in Tavernen und Cafés, verzichten dafür aber auf schöne Strände gleich vorm Hotel.

Votsalákia an der Südküste hingegen ist ein reiner Urlauberort ohne historischen Kern und mit einer Straße als Promenade vor dem langen Strand. Urig ist hier vor allem der Ausblick: auf die wild-kahlen Nachbarinseln von Foúrni und auf den 1433 m hohen Kérkis, der gleich hinterm Ort als nahezu nacktes Felsmassiv aufsteigt. Noch immer führt keine Straße ganz um dieses Gebirge herum, vieles Schöne können Sie hier nur zu Fuß oder mit dem Jeep erkunden.

Zwischen den beiden Urlaubsorten Karlóvassi und Votsalákia laden mehrere Dörfer zu Ausflügen ein, die Sie durch üppige Rebgärten und Olivenhaine erreichen – und auch so manch schöner Strand wartet abseits aller Dörfer auf Entdeckernaturen.

KARLÓVASSI

(119 E1) (*🕮 D–E 2*) **Karlóvassi (5740 Ew.) ist ein äußerst weitläufiges Städtchen, das sich über mehrere Kilometer entlang der Küste und teil-**

Bild: Potámi Beach bei Karlóvassi

Im Reich des Kérkis gibt es wenige Straßen. Dafür prägen hier Weinberge und Olivenbäume die Landschaft

weise auch tief ins Binnenland hinein erstreckt.

Seine fünf Stadtteile werden immer wieder von Feldern und Brachflächen unterbrochen.

Ganz im Westen liegt der Hafen mit dem *Limáni-Viertel.* Hier stehen die meisten Urlaubshotels. Dahinter wird ein steiler Hügel, an dem Ölbäume und Kiefern wachsen, von der markanten Kirche der heiligen Dreifaltigkeit bekrönt. An und auf diesem Hügel liegt *Paleó Karlóvassi* (Alt-Karlóvassi), das noch recht dörflichen Charakter hat. Im Zentrum der Küstenebene schließt sich weiter östlich *Meséo Karlóvassi* (Mittel-Karlóvassi) mit seinen prächtigen Kaufmannsvillen an. Am östlichen Rand der Ebene zieht sich *Néo-Karlóvassi* (Neu-Karlóvassi) weit ins Hinterland hinein. Es ist der lebhafteste Stadtteil mit vielen alten Häusern, aber auch den meisten Geschäften und Behörden. Von Meséo Karlóvassi bis an den östlichen Rand des Uferstreifens dieser Küstenebene breitet sich schließlich *Órmos Karlovássou* (Karlóvassi-Bucht) aus. Es besteht fast nur aus

Bevor der Oktopus auf den Teller kommt, trocknet er an der Luft

heute leer stehenden Fabrikgebäuden und Lagerhallen und macht den Eindruck einer Geisterstadt.

Ein Urlaubsort ist Karlóvassi eigentlich nur, weil es hier einige Hotels gibt und Reiseveranstalter sie belegen. Der Stadtstrand ist unansehnlich und steinig, Potámi als nächster besserer Strand 1,5 bis 3 km entfernt. Dafür bietet Karlóvassi den Vorteil, kaum touristisch geprägt zu sein und einen besonderen Einblick in ganz normales griechisches Stadtleben zu gewähren.

SEHENSWERTES

INSIDER TIPP GERBEREI-MUSEUM (TANNERY MUSEUM)

In einer alten Gerberei wird mit modernen audiovisuellen Hilfsmitteln und einigen technischen Objekten die Bedeutung der Gerbereien für den Ort zwischen 1875 und 1950 anschaulich erklärt. *Mo–Fr 8.30–13.30 Uhr | Eintritt frei | Néo Karlóvassi | an der Flussuferstraße*

HÖHLE DES HL. ANTONIOS

Am Parkplatz vor dem Dorfeingang von Paleó Karlóvassi steht auf der rechten Straßenseite ein kleiner Wegweiser mit der Aufschrift *St. Antony's Cave*. Folgen Sie ihm, kommen Sie zunächst noch an ein paar Häusern vorbei und erreichen dann auf einem mit roten Pfeilen markierten Pfad, der durch urwaldhaft üppiges Grün führt, nach etwa zehn Gehminuten eine Kapelle. Sie wurde in eine kleine Grotte unter einem Felsüberhang gebaut und birgt innen vier verblichene Ikonen, die auf dünnes Blech gemalt wurden. *Frei zugänglich | Paleó Karlóvassi*

RÍTSOS-THRON

Ein ästhetisch nicht unumstrittener Thronsessel aus verfliestem Beton steht an der Stelle, wo der in Griechenland hoch verehrte Lyriker Jánnis Rítsos (1909–1990) gern am Ufer saß und aufs Meer blickte. Der „Chronist des Widerstands" wurde von den Obristen der Militärjunta 1967 zunächst auf die Insel Léros

verbannt und ab 1970 in Karlóvassi unter Hausarrest gestellt. Auch nach dem Ende der Militärdiktatur 1974 verbrachte er fast jedes Sommerhalbjahr hier.
Vor dem Thron ist ein Auszug aus seinem Gedicht *Verweigerung* in Stein gemeißelt: „Er saß einsam auf dem Stein, angesichts des Meeres. Er wollte nicht sehen, nicht antworten, nicht fühlen." *Meséo Karlóvassi | an der Uferstraße westlich der Flussmündung*

VOLKSKUNDLICHES MUSEUM (FOLKLORE HISTORY MUSEUM)

Das kleine Museum zeigt Stickereien, Trachten und Gegenstände aus dem Alltag vergangener Zeiten. Es steht gegenüber dem *Mégaro*, einem dreigeschossigen Palast des Hegemon aus dem 19. Jh. Im Mégaro sind heute die Verwaltungsbüros der Mathematischen Fakultät der Universität der Ägäis untergebracht. *Di–Sa 9–13 Uhr | Eintritt frei | Néo Karlóvassi | Odós Vérgi 10 (150 m oberhalb der Bischofskirche)*

ESSEN & TRINKEN

DIÓNYSOS

In diesem Lokal gibt es viele, auch kleine, traditionelle Gerichte sowie eine gute Weinkarte auf einem noch fast dörflich anmutenden Platz im Schatten von Bäumen und Sonnendächern aus Naturmaterialien. *Tgl. ab 11 Uhr | Meséo Karlóvassi | Platía 8is Maíou (50 m südlich der Kirche)* | €€€

FUNKY LEMON

Gut gestyltes, völlig untouristisches Restaurant mit moderner mediterraner und griechischer Küche, ideenreich präsentiert. Keine Außenplätze, stark von Studenten frequentiert. Besonders beliebt ist das Sonntagsbuffet *(13–21 Uhr, 10 Euro)*. *Mi–Fr 18–24, Sa 13–24, So 13–22 Uhr | Néo Karlóvassi | Odós Gorgyra* | €–€€

O KLEÁNTHIS

Das große, alte Kaffeehaus, auf dessen Innenempore vor langen Zeiten Kaffeehausorchester spielten, ist bis heute trotz mancher Modernisierung der Treffpunkt der Einheimischen schlechthin geblieben. Hier trinkt man außer Kaffee bevorzugt Oúzo und nimmt dazu ein paar kleine *mezédes* zu sich, spielt Távli oder Karten. Im Wintergarten dürfen sogar noch Raucher ihrem Laster frönen. *Tgl. ab 7.30 Uhr | Néo Karlóvassi | Kentrikí Platía* | €

TO KÍMA

In der Ouzeri, die den schönen Namen „Die Brandung" trägt, werden besonders gute *mezédes* serviert, dem Namen entsprechend vor allem Fisch und Meeresfrüchte. Fast alles stammt aus regionalem Fang. *Tgl. ab 18 Uhr | Meséo Karlóvassi | Uferstraße/Ecke Odós 8is Maíou* | €€

MARCO POLO HIGHLIGHTS

★ **Wasserfall**
Bei Potámi: Wo schon der Weg das besondere Erlebnis ist → S. 38

★ **Seitáni**
Zwei Strände für fleißige Wanderer → S. 38

★ **Ágios Issídoros**
Traditionelle Bootswerften an einer abgelegenen Bucht → S. 40

★ **Limniónas**
Wer hier ankommt, der hat das Ende der Welt erreicht → S. 41

EINKAUFEN

EOSS-WEINKELLEREI

Die Kellerei der Winzergenossenschaft betreibt eine Probierstube, in der Sie süße und trockene Weine der Insel verkosten und kaufen können. *Mo–Sa 9–15.30 Uhr | Uferstraße zwischen Meséo und Limáni*

POTTERY SHOP KONTOROÚDAS

Unter den Töpfereien des Städtchens ist die von Jánnis Kontoroúdas eine der besten, denn der Meister dreht alles per Hand selbst und bemalt seine Produkte sorgfältig. Neben dem typisch samiotischen *Becher der Gerechtigkeit* produziert er auch Spielzeug. *Meséo Karlóvassi | Uferstraße/Ecke Flussuferstraße*

LOW BUDG€T

Die wohl preiswerteste Taverne in ganz Karlóvassi mit ausgezeichnetem Essen ist das *Mesaio* an der Platía von Meséo Karlóvassi. Der Chef, Théodoros Serkízis, serviert Ihnen ein üppiges *juvétsi* schon für 8,50 Euro, die große Flasche Bier dazu für ca. 2, die Cola für ca. 1,50 Euro. Und wer zum Essen kein Brot will, braucht es hier auch nicht wie anderswo üblich zu zahlen.

Das beste Gýros im Pítta-Fladenbrot ist für 2 Euro im *Gýro Gýro (tgl. ab 12.30 Uhr | Meséo Karlvassi | an der ausgeschilderten Abzweigung nach Lékka)* in Meséo Karlóvassi zu haben. Ob Fleisch, Gemüse oder Kartoffeln – Fótis Kontoroúdas verwendet nur frische Zutaten, die Saucen sind hausgemacht und die Fleischstückchen auf den Souvláki-Spießchen werden noch per Hand aufgereiht. Auch Vegetarier kommen auf ihre geringen Kosten: Die rein vegetarische ökologische Pítta mit Kartoffeln, Tomaten, Zwiebeln und Tzazíki kostet nur 1,50 Euro.

SPORT & STRÄNDE

ANEMA

Wasserski, Windsurfen, Monoski, Tretboote und Funrides, auch Unterricht. *Limáni | am Strand vor dem Hotel Samaina Inn*

AM ABEND

Im Sommer trifft sich die Jugend am Potámi-Strand in den hippen Beach Clubs *Café El Mundo* und *Hippy's*. In der kälteren Jahreszeit ist die Diskothek *Gázi Club* in Néo Karlóvassi angesagt. Auch ältere Semester fühlen sich in der Natursteinbar *Barock* in Meséo Karlóvassi wohl.

ÜBERNACHTEN

INSIDER TIPP ASTIR

Dieses schon etwas ältere, dreigeschossige Hotel mit Pool liegt ruhig und zugleich sehr zentral in Meséo Karlóvassi. Zum Meer sind es ungefähr 250 m, zum Hafen und ins Zentrum von Néo Karlóvassi jeweils etwa 1 km. Sonnen können Sie sich auch auf der großen Liegewiese im Hotelgarten. *27 Zi. | östlich der Straße vom Ufer zur Kirche von Meséo Karlóvassi | Tel. 22 73 03 31 50 | www.astirofsamos.com* | €

SAMAINA INN

Das moderne, ansprechend möblierte Haus steht landseitig an der Uferstraße unweit des Hafens. Es kann auch all-inclusive gebucht werden. *130 Zi. | Limáni | Tel. 22 73 03 04 00 | www.samainahotels.gr* | €€

Typisch samiotische Kirche in Marathókambos: rote Ziegeldächer und eine blau-weiße Kuppel

BUSVERBINDUNGEN

Zentrale Busstation am Krankenhaus in Néo Karlóvassi. Eine Stadtbus-Rundlinie verbindet alle Ortsteile *Mo–Fr 15-mal, Sa 6-mal, So 4-mal* miteinander, *1 Euro*. Fernbusse: *nach Vathý über Kokkári Mo–Fr 6-mal tgl., Sa/So 5-mal tgl., nach Vathý über Pýrgos nur Di 1-mal, nach Marathókambos und Votsalákia Mo–Fr 4-mal tgl., nach Kallithéa und Drakéi Mo 2-mal*

ZIELE IN DER UMGEBUNG

KOSMADÉI (119 D3) (*🕮 C3*)

Das höchstgelegene Dorf der Insel ist von Pappeln, Kiefern, Obst- und Walnussbäumen umgeben. An den Hängen unterhalb blühen bis in den Juni dichte Ginsterteppiche. Schön ist der Blick von den beiden Dorfkafenía aus über das Tal, bis hinüber zum Dorf Plátanos. *11 km von Karlóvassi*

MARATHÓKAMBOS (119 E4) (*🕮 D4*)

Dieser größte Binnenort der ganzen Insel (1350 Ew.) fächert sich – den Rängen eines Amphitheaters sehr ähnlich – 200 bis 300 m hoch über einer Küstenebene an einem von Olivenbäumen dicht bewachsenen Hang auf. An den engen Gassen des Dorfes stehen noch heute einige Häuser aus dem 19. Jh. und außerdem mehrere pittoreske Kapellen. Immer wieder eröffnet sich zwischen den Häusern ein Blick aufs Meer. *13 km von Karlóvassi*

PLÁTANOS (120 A–B 4) (*🕮 F4*)

Das auf nahezu 600 m Höhe schon an den Ausläufern des Ámbelos-Gebirges gelegene Dorf (550 Ew.) ist ganz von Weingärten umgeben. An dem sehr schön ursprünglich gebliebenen Dorfplatz mit seinen drei Platanen sprudelt immer noch der alte ● Dorfbrunnen. Hier stehen Tische und Stühle der Taverne *Sofía Menégas (tgl. ab 9 Uhr | €)*, deren namengebende Inhaberin gut Deutsch spricht. Besonders lecker sind ihre hausgemachten Kichererbsen-Reibekuchen *revithókeftédes*. Auch ihre Hackfleischwürstchen in Tomatensauce, die *souzoukákia,* sollten Sie probieren. *11 km von Karlóvassi*

Natur pur: Buchten von Seitáni

POTÁMI (119 D1) *(🗺 2)*

Nur 2 km westlich des Hafens von Karlóvassi erstreckt sich eine Bucht mit einem etwa 1 km langen Kiesstrand, Potámi. Kurz vor dem Café *Zefyrus* überquert die Straße einen kleinen Bach. Vor der Brücke zweigt eine mit „Ancient Chapel" und „Potami Waterfalls" ausgeschilderte Zementpiste links ab, die schon nach wenigen Metern in einen Fußpfad übergeht. Nach 150 m erreichen Sie die INSIDER TIPP byzantinische Kirche *Metamórfosis tou Sotiroú*, der Verklärung Christi geweiht. Der zierliche Bau aus dem 11. Jh. gehört zum Typus der Kreuzkuppelkirchen. Die winzige Kuppel ruht auf vier Säulen mit schönen Kapitellen. Folgen Sie dem Bachtal, gelangen Sie nach ca. 15 Minuten an eine Schlucht, die völlig vom Bach eingenommen wird. Springen Sie ins eiskalte Wasser und schwimmen Sie den Bach etwa 40 m aufwärts, dann erreichen Sie einen ca. 2 m hohen ★ *Wasserfall.* Wenn Sie ihn hochklettern, gelangen Sie noch zu zwei weiteren Wasserfällen.

Ein besonderer Platz am Potámi Beach ist die ● *Hippy's Beach Bar (im östlichen Strandbereich | www.hippys.gr | €€).* Der ehemals zusammengeschustert wirkende Schuppen hat sich zum Treffpunkt von legeren Touristen aus aller Welt und Einheimischen, zu einer Location mit Kultstatus entwickelt. Das Areal ist sehr stylish mit kleinen Kunstwerken dekoriert, aus den Boxen schallt niveauvolle Loungemusik. Unter der schattigen Pergola werden frischer Fisch und raffinierte Salate mit Zutaten aus dem eigenen Garten aufgetischt. Drinks und Cocktails werden sogar an den Strandliegen serviert. *2 km von Karlóvassi*

SEITÁNI ★ (118 B–C2) *(🗺 B–C3)*

Nur zu Fuß oder per Boot ab Karlóvassi kommt man zu den beiden Buchten von Seitáni, zum kleinen Strand *Mikró Seitáni* (von Potámi etwa 40 Gehminuten) und zum langen Sandstrand *Megálo Seitáni* (etwa 75 Gehminuten ab Potámi). Sie sollten Wasser und Verpflegung mitnehmen, denn an den Stränden gibt es nichts zu kaufen.

VOTSALÁKIA

(119 D5) *(🗺 C–D5)* **Das auch Kámbos genannte Votsalákia (100 Ew.) ist erst**

durch den Tourismus der 1990er-Jahre zu einer Ortschaft angewachsen.
Zuvor standen in der grünen Ebene zu Füßen des Kérkis-Massivs locker verstreut ein paar Bauernhäuser. Heute säumen Tavernen, Pensionen und kleine Hotels den kilometerlangen Kiesstrand. Inzwischen haben sich etliche Mitteleuropäer in der Region ein Feriendomizil bauen lassen. Einige überwintern hier, sodass der ehemals reine Badeort auch außerhalb der Saison nicht mehr ganz ausgestorben wirkt.
Wenden Sie sich von der Uferstraße ein wenig landeinwärts, entdecken Sie noch den alten Charakter der Gemarkung. Als Urlaubsort ist Votsalákia für diejenigen geeignet, die am Strand liegen und gelegentlich Spaziergänge unternehmen wollen, weder intensives Nachtleben noch Shoppingmeile suchen. Sehenswürdigkeiten und Museen gibt es nicht.

ESSEN & TRINKEN

INSIDER TIPP THE BALLAD OF BILL & SALOME

Der gepflegten Taverne bescheinigen viele Einträge im Gästebuch ein exzellentes Preis-Leistungs-Verhältnis und besonders liebe Gastgeber. Ausgesprochen gut sind das Kaninchen in Weinsauce, das gebackene Lamm *kleftikó* und die hausgemachten Pizzen. *Tgl. ab 9 Uhr | an der Uferstraße im Zentrum | www.billandsalome.com |* €€

NICK THE GREEK

In der betont lässig geführten, ganz in weiß-blau gehaltenen Strandtaverne sitzen die Gäste unter Tamarisken, INSIDER TIPP können Kinder in einem an Ketten aufgehängtem Ruderboot schaukeln. Das Essen ist schlicht und günstig, samstags gibt es griechische Livemusik. *Tgl. ab 10 Uhr | am östlichen Ortsrand |* €

AM ABEND

INSIDER TIPP OLD FASHION BEACH BAR

Johny Kóstas und seine Frau Fotiní, hauptberuflich Lehrerin in Deutschland, führen eine Beach-Bar wie zu Hippiezeiten. Johny, der lange in Wiesbaden lebte, ist ein leidenschaftlicher DJ: Wenn er nicht mit seinen Gästen redet, hört er in seine umfangreiche Musiksammlung rein, die abends für gute Stimmung sorgt. Auch essen können Sie: Die Pit@Pitz@ ist eine Erfindung des Hauses. *Tgl. ab 10 Uhr | am Strand gegenüber dem Supermarkt „Tourist Center" |* €

ÜBERNACHTEN

ORPHÉAS BEACH

Komfortables Hotel, das zusammen mit zwei benachbarten Hotels eine dorfähnliche Ferienanlage bildet. Hier gibt es, nur 100 m vom Strand, gleich mehrere Pools. *50 Zi. und Apts. | nahe der Küstenstraße im Ortszentrum | Tel. 22 73 03 71 85 |* €€

SIRENA RESIDENCE & SPA

Gepflegtes Vier-Sterne-Apartment-Hotel in zentraler Lage mit architektonischen Elementen eines traditionellen samiotischen Dorfs, 200 m vom Strand entfernt. Sehr gut ausgestattete Zimmer mit Blick auf den Kérkis oder das Meer. Moderner Wellness- und Spa-Bereich mit Hallenbad, Hamam, Jacuzzi, Fitnessraum. *27 Zi. | Tel. 22 73 03 50 25 | www.sirena.gr |* €€€

SOFÍA

100 m abseits der Uferstraße gelegenes und deshalb ruhiges Hotel, das knallblau gestrichen ist. Um den Pool herum stehen mehrere zweigeschossige Häuser. Der aus dem nordgriechischen Kónitsa stammende Wirt Stávros und seine samiotische Ehefrau Sofía sorgen für eine sehr familiäre Atmosphäre. Das Preis-Leistungs-Verhältnis ist ausgezeichnet.

32 Zi. | am östlichen Ortsanfang | Tel. 22 73 03 70 35 | www.sofihotel.gr | €

BUSVERBINDUNGEN

Mo–Fr 4-mal tgl. mit Karlóvassi und Vathý, kein regulärer Busverkehr Richtung Drakéi

ZIELE IN DER UMGEBUNG

INSIDER TIPP ÁGIOS IOÁNNIS ELEÍMONAS (118 A6) *(🗺 A6)*
Das kleine, nur noch im Sommer gelegentlich von Mönchen bewohnte Kloster liegt weltabgeschieden in einem kurzen, quellenreichen Tal inmitten dschungelartiger Vegetation. Die Gebäude sind etwa 130 Jahre alt. Vom Kloster führt ein Pfad zum 200 m entfernten Kieselsteinstrand, der fast immer menschenleer ist und sich daher auch zum Nacktbaden eignet. *14 km von Votsalákia*

ÁGIOS ISSÍDOROS ★ ●
(118 B3) *(🗺 A3)*
Die traditionellen Holzboote, *kaíki* genannt, dienen heute in Griechenland fast ausschließlich als Ausflugs- oder Fischerboote. Noch nach dem Zweiten Weltkrieg waren sie die wichtigsten Transportmittel für Passagiere und Fracht in der Ägäis, blähten sich ihre Hilfssegel zwischen den Inseln im Wind. Einige der letzten Kaíki-Werften Griechenlands arbeiten unmittelbar nebeneinander auf dem Ágios Issídoros genannten Kap im äußersten Westen der Insel. Bei genauem Hinsehen erkennen Sie sie schon von der Inselhauptstraße zwischen Kallithéa und Drakéi aus. Von Kallithéa und Drakéi aus führen gut befahrbare Pisten hinunter. *20 km von Votsalákia*

DRAKÉI (118 B3) *(🗺 B3)*
In Drakéi (120 Ew.) endet die Straße in den wilden Westen von Sámos. Von hier aus geht es nur zu Fuß weiter um die Insel herum bis nach Potámi, wo dann wieder eine Straße beginnt. Der Linienbus kommt nur einmal wöchentlich hierher, während der Schulzeit fährt zudem ein Schulbus. Es gibt im Dorf drei Tavernen, die zugleich Gemischtwarenhandlungen sind. Die Taverne *Kóstas (tgl. ab 9 Uhr | €€)* bietet die schönste Aussicht, in der Taverne *Athiná (tgl. ab 9 Uhr | €)* servieren der Dorfpriester und seine Familie leckere kross gebratene Teigtaschen, mit Zucchiniblüten, Käse und Kräutern gefüllt. Schön ist der kurze Spaziergang durchs Dorf zum Friedhof mit der Kapelle *Agios Geórgios,* in deren älterem Teil noch Freskenreste zu erkennen sind. Der Weg dorthin führt am Dorfbrunnen vorbei, an dem noch bis 1965 alle Dorfbewohner ihr Wasser holen mussten. *22 km von Votsalákia*

KLOSTER EVANGELÍSTRIAS
(118 C5) *(🗺 C5)*
In 700 m Höhe liegt inmitten eines Kiefernwäldchens am Südhang des Kérkis, völlig einsam und nur nach mühsamem Fußmarsch zu erreichen, ein kleines Kloster, das bis vor Kurzem von drei alten Nonnen bewohnt wurde. *Von Votsalákia führt ein ausgeschilderter Feldweg die erste Hälfte der Strecke hinauf (mit Jeep befahrbar, Gehzeit ca. 1 Std.). Vom Ende des Weges aus müssen Sie dann noch einmal etwa 1 Std. bergan steigen.*

LIMNIÓNAS ★ (118 C5–6) *(🗺 B5–6)*
Die Grobsandbucht westlich von Votsalákia säumt einen sanft abfallenden Hang, an dem locker verstreut zwischen Oliven-, Johannisbrotbäumen und Kiefern einige kleine Hotels und Pensionen stehen. Ruhesuchende sind im **INSIDER TIPP** Hotel *Limniónas Bay (36 Apts. für bis zu 5 Personen | Tel. 22 73 03 70 57 | www.limnionas-bay-village.com | €€)* hervorragend aufgehoben.

Die Bootswerften in Ágios Issídoros bauen nach wie vor das traditionelle Holzboot *kaíki*

Von der Poolterrasse und den Zimmern im zweigeschossigen Haus aus fällt der Blick auf das Meer und beruhigendes Grün, der Strand ist 150 m entfernt.

Folgt man in Limniónas der Uferstraße in Richtung Westen, gelangt man über eine stellenweise nur einspurige, etwas Selbstvertrauen erfordernde und nur von Kleinwagen oder Jeeps befahrbare Piste zur einsam gelegenen INSIDER TIPP Taverne *Kochýli* (*Juni–Sept. tgl. ab 10 Uhr | €€*), die der griechische Wirt Andréas und seine oberösterreichische Frau Cäcilia zum „Ende der Welt" ernannt haben. Die beiden bieten ihren Gästen gute samiotische Küche und unterhalten sie darüber hinaus gern mit kleinen, kniffligen Spielchen.

Wer gern baden möchte, läuft auf der Schotterpiste noch ein paar Minuten weiter und kann zu mehreren winzigen Sandbuchten hinabsteigen, die idyllisch zwischen Felsen eingebettet sind. *5 km von Votsalákia*

ÓRMOS MARATHOKÁMBOU

(119 E5) (*🕮 D5*)

Einst der Hafen des Bergdorfs Marathókambos, ist Órmos zu einem kleinen Urlaubsort angewachsen. Da es hier aber nur einen Strand aus großen Steinen gibt, ist er weit weniger gut besucht als das nahe Votsalákia. Man sitzt ruhig in den Tavernen am Hafen auf der abends autofreien Uferstraße und wohnt, umfangen von Ländlichkeit, in den INSIDER TIPP *Apartments Vanéssa* (*6 Apts. in zwei Häusern | ganzjährig geöffnet | Tel. 22 73 03 73 82 | €*) am östlichen Ortsrand kurz vor der Ölmühle. *19 km von Votsalákia*

PSILÍ ÁMMOS (WEST) (118 C5) (*🕮 C5*)

Der mehrere hundert Meter lange Sand-Kies-Strand liegt tief unterhalb der Küstenstraße und ist nie überlaufen. Oberhalb des Strands stehen an der Straße Tavernen; auch einige wenige Zimmer werden vermietet. *2,5 km von Votsalákia*

KOKKÁRI UND DER NORDEN

Kokkári ist wie geschaffen für einen Badeurlaub mit eingestreuten Wanderungen und viel Romantik für lange Nächte. Der nach Norden ausgerichtete Hauptstrand ist kilometerlang, an seinem westlichen Ende liegt eine exzellente Wassersportstation, die auch gute Mountainbikes vermietet.

Cafés, Bars und Tavernen ziehen sich über 200 m am autofreien Ufer einer idyllischen Bucht mit Fischerbooten entlang, zwischen Strand und Vergnügungsmeile locken viele kleine Läden zum feriengemäßen Shopping. Gar nicht oder kaum verbaute Badebuchten tief unterhalb der Küstenstraße sind in wenigen Minuten zu Fuß oder mit dem Linienbus zu erreichen. Gleich hinterm Ort ziehen sich mehrere enge Täler zum Ámbelos-Massiv hinauf. An den Hängen wachsen Ölbäume und Kiefern, in höheren Regionen wird viel Wein angebaut. Hier liegen sechs Bergdörfer, zu denen sich schmale und kurvenreiche Stichstraßen hinaufwinden. Einige der Dörfer sind durch alte Wanderpfade miteinander verbunden. Andere Wanderwege führen fernab des Straßenverkehrs wieder an die Küste hinunter. In allen Dörfern gibt es Kaffeehäuser, in denen Sie sich stärken und das Dorfleben studieren können.

Kokkári ist ein idealer Standort für Urlauber, die häufig baden, aber auch gern kleine Wanderungen unternehmen wollen. Große Hotelanlagen finden Sie hier allerdings kaum. Gäste wohnen überwiegend in Pensionen und kleinen Apartmenthäusern.

Bild: Blick aufs Meer in Kokkári

Bergdörfer und Badebuchten: Kurvenreiche Straßen führen zu schönen Stränden und durchs üppig grüne Hinterland

KOKKÁRI

(121 F3) (*🗺 J3*) **Der alte, nach 1850 entstandene Ortskern von Kokkári (970 Ew.) liegt auf einem ganz niedrigen Kap, das durch einen sandigen Isthmus mit einer winzigen Felseninsel verbunden ist, die nur mit einem halben Dutzend Häuser bebaut ist.**

Auf der Landenge liegen Fischerboote. Auf dem Kap drängen sich die Häuser eng aneinander. Das neue Kokkári breitet sich von hier in lockerer Bebauung landeinwärts in die kleine Küstenebene aus und wächst immer weiter gen Westen entlang des langen Kieselsteinstrands Long Beach.

Die Flaniermeile von Kokkári mit ihren vielen Cafés und Tavernen säumt die kleine Bucht östlich des historischen Ortskerns. Ihr Bogen schwingt mit einem zweiten Felseninselchen aus, nahe dem noch einmal ein kleiner Strand zum Baden lockt. Die besondere Atmosphäre von Kokkári rührt von seiner Kompakt-

Wohin heute Abend? In Kokkári locken viele urige Tavernen am Strand

heit her. Fast alle wichtigen Lokale und Geschäfte konzentrieren sich auf diesem engen Raum. Das macht Kokkári als Urlaubsörtchen viel intimer als Pythagório. Weil städtisches Leben wie in Vathý oder Karlóvassi fehlt, herrscht hier weniger Hektik, das Entspannen fällt leichter.

SEHENSWERTES

Sehenswürdigkeiten hat Kokkári nicht. Einen Blick lohnt allein die holzgeschnitzte Ikonostase in der Hauptkirche *(tgl. 8–20 Uhr)* an der Hauptstraße.

ESSEN & TRINKEN

BIRA/THE BEER ★

Artémios, Wirt der vor über 80 Jahren gegründeten Taverne, sorgt für das beste Essen weit und breit. Sie sitzen zwar direkt an der Hauptstraße, dafür aber unter einem Maulbeerbaum und genießen Leckereien wie die Kichererbsenbratlinge *revithókeftédes* und ein ganzes gefülltes Stubenküken (junges Huhn) mit Kartoffeln aus dem Backofen. Dazu schmeckt ein Retsína vom Fass. *Tgl. ab 10 Uhr | an der Hauptstraße gegenüber der Bushaltestelle* | €€

INSIDER TIPP CÁVOS

Ein Café an der Hafenpromenade mit besonders schönem Blumenschmuck. Die deutsche Wirtin Ulrike backt täglich Kuchen und Waffeln. Außerdem: leckere Milkshakes, ausgezeichnete Frühstücksvariationen – und Sportübertragungen von ARD, ZDF und Sky. *Tgl. ab 8.30 Uhr* | €€

GIRASOLE

Ein Hauch von Italien mitten in Kokkári: Das Ristorante zeichnet sich durch eine gemütliche Atmosphäre und exzellente italienische Küche aus. Die Gäste sitzen an kleinen Tischen drinnen oder direkt am Strand. Die sehr gut belegten, 38 unterschiedlichen Pizzen sind ihren günstigen Preis allemal wert. *Tgl. ab 12 Uhr | am östlichen Anfang der Uferstraße* | €€

MELTÉMI

Das erste Lokal in Kokkári, das im April öffnet, und das letzte, das im Oktober schließt. Die beliebte Taverne ganz in Weiß-Blau glänzt durch ein ausgezeichnetes Preis-Leistungs-Verhältnis. Sie sitzen direkt am Meer und sind dennoch vor dem im Sommer meist wehenden Nordwind *(meltémi)* geschützt. Der Fisch ist frisch, die mit *féta* gefüllten Frikadellen ein Gedicht. *Tgl. ab 10.30 Uhr | im östlichen Teil der Uferstraße neben dem Girasole | €€*

EINKAUFEN

BIO-HOUSE KLIRONÓMOU

Der Sohn der Familie Klironómou aus dem Dorf Koumaradéi (s. S. 70) verkauft hier vor allem hauseigene Bioprodukte wie Kräuter, Tees, ätherische Öle, Olivenöl und -seife. Auch Weine, Ouzo, Kerzen und Keramik gehören zum Sortiment. *Am westlichen Anfang der Uferstraße*

SPORT & STRÄNDE

Kokkári bietet die besten Wassersportmöglichkeiten der Insel und die größte Auswahl an Stränden. Im Ort selbst haben Sie die Wahl zwischen einem kurzen Kiesstrand an der Hafenbucht und einem kilometerlangen Kiesstrand in Richtung Westen; andere Strände sind in etwa 15–30 Min. auch zu Fuß zu erreichen.
Das *Kokkari Windsurf Centre* (s. S. 99) am Westende des langen Strandes vermietet Fahrräder und Mountainbikes. Außerdem lädt man dort dreimal wöchentlich *(Mo, Mi, Fr 10 Uhr)* zu einer INSIDER TIPP kostenlosen Yogasession ein.

AM ABEND

PLATÍA

Diskotheken sind in Kokkari nicht gefragt. Man sitzt lieber dicht an dicht auf der winzigen Platía, in deren Bars bis spät in die Nacht hinein ein ständiges Kommen und Gehen herrscht. Partys entstehen da manchmal ganz spontan. Beliebt ist auch die Dachterrasse der Bar *Boa Vista* direkt an der Platia mit herrlichem Blick übers Wasser auf Vathý und bis hinüber zur türkischen Küste.

ÜBERNACHTEN

ARION

Dieses ruhig und etwas erhöht über der Küstenstraße gebaute Hotel besteht aus mehreren niedrigen, gut in die grüne Umgebung eingepassten Bauten mit schönen Rasenflächen dazwischen. Von vielen Zimmern und auch von der Poolterrasse aus blicken Sie auf Kokkári sowie nach Kleinasien hinüber. Ein kostenloser Shuttlebus bringt die Gäste außerdem in das 1 km entfernte Ortszentrum und zum etwa gleich nahen Lemonákia-

MARCO POLO HIGHLIGHTS

★ **Bira/The Beer**
Mehr als nur Bier: Griechisch essen in einer Taverne unterm Maulbeerbaum in Kokkári
→ S. 44

★ **Agía Matróna**
Fresken von zarter Schönheit in Kámbos → S. 48

★ **Manolátes**
Sehr beliebt: Das blumenreiche Dorf mit viel Kunsthandwerk
→ S. 49

★ **Tsamadoú Beach**
Ein Traum von einem Strand: Viel Grün, das Wasser glasklar und nur zu Fuß erreichbar
→ S. 51

Strand. *108 Zi. | Tel. 22 73 09 20 20 | www.arion-hotel.gr* | €€€

BLUE SKY

Die Pension liegt recht versteckt und ruhig am Rand des Ortskerns. Durch eine Blätterpergola betritt man die von Grün umgebene Terrasse, auf der man vom Treiben drum herum nichts merkt. Deckenventilatoren sorgen hier statt Klimaanlage für Kühlung an heißen Tagen. Die Platía ist nur eine Minute, der Strand nur etwa zwei Minuten entfernt. *10 Zi. | im alten Ortszentrum | Tel. 22 73 09 23 87* | €

INSIDER TIPP LÉMOS

Das familiär geführte Hotel steht direkt am Isthmus, der den historischen Ortskern mit dem Felseninselchen verbindet. Der Strand beginnt unmittelbar vor der Haustür und auch die Platía ist nur zwei Gehminuten entfernt. *12 Zi. | Tel. 22 73 09 22 50* | €€

INSIDER TIPP OLYMPIA VILLAGE

Das im Stil eines traditionellen Dorfs sehr verwinkelt angelegte Apartment-Hotel ist eins der originellsten der Insel. Keins der 22 gut ausgestatteten und sehr gepflegten Apartments gleicht einem anderen. Einige sind sogar mit Originalwerken zeitgenössischer griechischer Künstler dekoriert. Der Innenhof wurde liebevoll mit Palmen, Akazien, Bougainvilleen und farbenprächtigen Sommerblumen gestaltet, der Frühstücksraum samt Terrasse ist dem Meer zugewandt. *Hinter dem großen Parkplatz nahe der Kirche Ágios Nikólaos an der Gasse Richtung Westen | Tel. 22 73 09 24 20 | www.olympia-hotels.gr* | €€

VENUS

Den besonderen Reiz dieses gepflegten Hotels macht seine zentrale Lage am Rand von Feldern und Gärten aus. Vom großen Pool blickt man ebenso wie von vielen Balkons aus auf die Berge. Der Strand ist nur vier Minuten entfernt, die Flaniermeile noch näher. *38 Zi. | am Ortseingang direkt an der Hauptstraße aus Richtung Vathý | Tel. 22 73 09 22 30 | www.venus-hotel.com* | €€

AUSKUNFT

TOURISTENINFORMATION

An der Hauptstraße in Richtung Vathý, etwa 100 m oberhalb der Kirche | wegen Geldmangels der Gemeinde oft geschlossen | Tel. 22 73 09 23 33 | www.kokkari.de

BUSVERBINDUNGEN

10-mal tgl. nach Vathý und Tsamadoú Beach, 6-mal tgl. nach Karlóvassi, 3-mal tgl. nach Votsalákia, 1-mal pro Woche nach Drakéi, an 2 Tagen pro Woche je 2-mal nach Vourliótes, Sa und So eingeschränkter Fahrplan

ZIELE IN DER UMGEBUNG

ÁGIOS KONSTANTÍNOS

(121 D2) (*H2*)

Das kleine alte Dorf (400 Ew.) liegt oberhalb der Uferstraße in dichtem Grün verborgen. Unterhalb der Uferstraße erstreckt sich das gleichnamige neue Dorf etwa 1 km weit am Ufer entlang mit einem kleinen Kiesstrand, der besonders von Einheimischen für ein kurzes Bad genutzt wird. Die hier ansässigen Pensionen und Tavernen leben im Sommerhalbjahr vor allem von besonders wanderfreudigen Urlaubern, für die Sonnenbäder am Meer Nebensache sind. An Wochenenden veranstalten gleich mehrere Tavernen griechische Abende mit Livemusik und Tanz. Seit vielen Jahren eine gute Adresse ist die Taverne *To Kíma (tgl. ab 12 Uhr | östlicher Anfang*

Winziger Ort und traumhafter Kiesstrand mit Schattenplätzen: Avlákia

der Uferstraße | €€). Wirt Foutoúnis und seine Familie bieten ihren Gästen neben frischem Fisch zu moderaten Preisen die gesamte Bandbreite samiotischer Hausmannskost in guter Qualität. Eine der Spezialitäten des Hauses ist das Hähnchen-Souvláki im Speckwickel. Sparsame können sich auch mit einem Gýros mit Pítta begnügen. Fotos auf dem Tresen erinnern daran, dass 2002 der Ex-US-Präsident Bill Clinton hier im Urlaub bewirtet wurde. *10 km von Kokkári*

ÁGIOS NIKÓLAOS (120 B1) *(🕮 F2)*
Dieser Küstenweiler, der den Namen des Schutzheiligen der Seefahrer und Fischer trägt, steht an felsigen Ufern über einem winzigen Fischerhafen. Die große Terrasse darüber nimmt die renommierteste Fischtaverne der ganzen Insel ein: *Oi Psarádes (tgl. ab 11 Uhr | 900 m unterhalb der Küstenstraße, dort ausgeschildert | €€€).* Verwandte von Tákis und Iríni, den Wirtsleuten, betreiben drei Fischerboote und bieten ihre Fänge natürlich immer zuerst Tákis und Iríni an. *17 km von Kokkári*

AVLÁKIA (121 E2) *(🕮 J2)*
Der Küstenort besteht lediglich aus einigen Tavernen, einer Kapelle und wenigen Häusern, in denen Sie auch Zimmer mieten können. Ein winziger, von Tamarisken beschatteter Kiesstrand grenzt unmittelbar nordöstlich an den Weiler. Das Meer ist hier meist spiegelglatt. Im Zentrum der kurzen Uferpromenade sitzen Sie in der INSIDER TIPP Taverne *Dona Rosa* *(tgl. ab 10 Uhr | €€)* fernab allen touristischen Rummels direkt an der See. Áris Marinákis und Rosa Montillia leben hier ihren Traum von internationaler Kochkunst. Sie haben sich auf vegetarische Gerichte auf Basis ökologisch angebauter Zutaten, frischen Fisch und Meeresfrüchte spezialisiert. Ihre hausgemachten Desserts sind ein Traum. Folgen Sie der Straße aus dem Weiler hinaus in

Richtung Karlóvassi, verbirgt sich gleich rechts unterhalb der ersten Serpentine ein heller, von der Steilküste eingerahmter kleiner Kieselsteinstrand, auf dem Sie auch unbekleidet in der Sonne liegen können. *6 km von Kokkári*

KÁMBOS (121 E2) *(🕮 H2)*

Kámbos heißt auf griechisch einfach Ebene. Kámbos liegt denn auch auf einem niedrigen Felsrücken in einer kleinen Ebene, die von Bergen und Meer umschlossen ist. Zwei kleine Kirchen sind hier interessant. In der blendend weiß gekalkten Kreuzkuppelkirche ★ *Agía Matróna* am südlichen Rand des alten Ortes sind wahrscheinlich aus dem 18. Jh. stammende Fresken hervorragend erhalten. Besonders schön sind die Darstellungen der Schöpfungsgeschichte an der linken und rechten Seitenwand. Links erkennt man die Erschaffung Adams und der Tiere und sieht, wie Gott Eva aus der Rippe Adams entstehen lässt. Rechts sieht man den Sündenfall, die Vertreibung des Paars aus dem Paradies und ihre Söhne Kain und Abel. Am südlichen Dorfende steht die Kreuzkuppelkirche *Agía Pelagía.* Sie ist innen schmucklos, aber architektonisch sehenswert. Um die beiden Kirchen im Dorf Kámbos zu besichtigen, lassen Sie Ihr Auto an der Kreuzung stehen. Ein Wegweiser zeigt nach rechts zum „Kámbos Beach". Hier führt ein schmaler, betonierter Weg ins Dorf. Dort gehen Sie gleich hinter dem ersten Haus zur Rechten rechts abwärts und stehen nach 20 m vor der *Kirche Agía Pelagía*. Dann kehren Sie auf die Hauptgasse zurück und folgen ihr durchs Dorf hinauf zur Kirche Agía Matróna. Die Kirchen sind stets frei zugänglich. *9 km von Kokkári*

Trotz der Touristen: Manolátes hat sich seinen Charme bewahrt

KLOSTER VRONDÁ (121 E3) *(🕮 H3)*

Weil bei Gewittern die Hänge des Ámbelos-Gebirges den Donner vielfach widerhallen lassen, trägt das in 460 m Höhe gelegene, Maria geweihte Kloster den volkstümlichen Namen, der Donner bedeutet. Nach der Gründung 1566 lebten hier weit mehr als 100 Mönche, heute nur noch zwei. 2000 beschädigte ein Brand das Gebäude schwer. Inzwischen ist es zwar weitgehend repariert, aber die Klosterkirche zeigt sich noch schmucklos. *Fr–Mi 9–13 und 17–20 Uhr | Eintritt frei, Spenden für den Wiederaufbau erbeten | Zufahrt vom 2 km entfernten Vourliótes über eine Asphaltstraße. 13 km von Kokkári*

KONTAKÉIKA (120 A2) *(🗺 E–F2)*
Ein Besuch in dem Weinbauerndorf (700 Ew.) lohnt sich besonders am späten Nachmittag, wenn in den beiden Kaffeehäusern am Nordwestrand des Dorfs einiges los ist. Man genießt von dort aus einen schönen Panoramablick auf den Kérkis, Karlóvassi und die Bergdörfer Lékka, Nikoloúdes und Kastaniá. Ab Mitte Oktober können Sie abends im Dorf auch miterleben, wie der Tresterschnaps *súma* gebrannt wird. *21 km von Kokkári*

LEMONÁKIA BEACH (121 F3) *(🗺 J2–3)*
Die Kokkári im Westen am nächsten gelegene Strandbucht ist etwa 300 m lang. Ein Drittel des Kiesstrandes ist noch nicht von Sonnenschirmen und Liegestühlen bedeckt, am Südostende bildet eine niedrige Steilküste einen schönen Blickfang. *1,7 km von Kokkári*

MANOLÁTES ★ ● (121 D2) *(🗺 H2)*
Manolátes (120 Ew.) ist zwar trotz der kurvenreichen, schmalen Zufahrtsstraße neben Vourliótes das meistbesuchte Bergdorf der Insel, hat aber dennoch nichts von seinem Charme verloren. Blumenreichere Gassen als hier gibt es wohl nirgends auf Sámos. Lassen Sie Ihr Fahrzeug auf dem winzigen Parkplatz am Dorfeingang stehen, wo schon die ersten beiden *kafenía* zur schattigen Rast laden. Wenn Sie im Dorf den Wegweisern zur Taverne *Loúkas* folgen, sehen Sie den ganzen Ort. Sie passieren die Töpferei *Genesis* mit Keramik in Raku-Technik. In *The Shop* können Sie sich ihren Modeschmuck nach eigenen Vorstellungen fertigen lassen und Geschnitztes aus Olivenholz kaufen. In INSIDER TIPP *To Trelovapóro* sind bunte Schiffchen aus Pappmaché der Renner.
Ein paar Schritte nach links führen Sie an der preisgünstigen Taverne *Kallísti (tgl. ab 9 Uhr | €)* vorbei zur Taverne *AaA (gespr. „Tría Álfa" | tgl. ab 9 Uhr |€€)* mit teilweise recht kreativer samiotischer Küche. Ihr gegenüber liegt der ● *Museumsladen (tgl.),* in dem der Heimatforscher und Sammler Nikítas Kyparíssis

LOW BUDG€T

Für ein kostengünstiges Picknick im Wald gibt es auf ganz Sámos keinen besseren Ort als den großen Picknickplatz am unteren Anfang der Straße von der Küste bei Ágios Konstantínos nach Ámbelos hinauf. Da stehen Tische und Bänke in weitem Abstand; für ein Nickerchen nach dem Mahl ist der weiche Waldboden ideal.

Auch in Kokkári können Sie sehr günstig wohnen. Außerhalb der Monate Juli und August finden Sie Zimmer und Studios für 2 Personen unter 35 Euro, z. B. die *Lemon House Rooms (Tel. 2273092441)*, die *Blue Sea Rooms (Tel. 2273909 2705)* und die *Dimitris Studios (Tel. 2273092280)*. Alle drei sind auch über *www.booking.com* zu buchen.

Nach der Wanderung eine Tavernen-Pause im berühmten Vourliótes

und seine deutsche Mitarbeiterin Dr. Dorothea Schell alte Originale traditioneller Handwerks- und Volkskunst ausstellen und handgefertigte Repliken sowie lokale Produkte wie Wein, Tresterschnaps, Honig und Marmeladen – zumeist aus eigener Herstellung – anbieten. Außer dem *Becher des Pythagoras* sind bei ihm auch zwei andere traditionelle Scherzartikel aus Keramik erhältlich: Etwa 12 cm hohe, mit Wasser zu füllende *Pfeifenkrüglein,* die beim Hineinblasen zwitschern, und *maskara bardak,* ein etwas größerer, vielfach durchlöcherter Tonkrug, aus dem man dennoch trinken kann, wenn man zwei ganz bestimmte Löchlein zuhält. Dem Museumsladen gegenüber bietet das *Atelier Kerannymi* ausschließlich von den Künstlerinnen selbst gefertigten Schmuck.

Die Hauptgasse führt zum alten Dorfbrunnen mit dem überdachten Waschplatz, der von den Frauen des Dorfs noch bis Ende der 1960er-Jahre genutzt wurde. Heute findet sich hier die Taverne *Déspina (tgl. ab 9 Uhr | €–€€)* mit typisch samiotischer Hausmannskost ohne besondere Raffinessen. Am besten gelingen der Wirtin Déspina die Gerichte aus dem Ofen wie Hähnchen in Weinsauce oder Schweineragout mit Staudensellerie.

Folgen Sie der Gasse weiter aufwärts, stoßen Sie auf den kleinen Schmuckladen *Alliós* der Silberschmiedin María, der seinem Namen (dt.: anders) alle Ehre macht. Steigen Sie die Treppen aus dem Ort hinaus, gelangen Sie schließlich zu der für ein Getränk empfehlenswerten Taverne *Loúkas (tgl. ab 9 Uhr | €).* Von ihrer mit Wein überrankten und mit Zierkürbissen dekorierten ☀ Terrasse aus bietet sich Ihnen ein phantastischer Blick auf die Küsten- und Bergszenerie. Kosten sollten Sie hier den Tresterschnaps *súma*, den die Wirtsfamilie in der zweiten Oktoberhälfte auf der Terrasse unterhalb der Taverne selbst destilliert. Auch die drei Fassweine lohnen eine Verkostung. Wer hier essen möchte: Auf persönliche Vorbestellung serviert der Wirt Ihnen auch Zicklein aus dem Backofen. Ein Wanderpfad führt von der Taverne in etwa 70 Minuten hinüber nach Vourliótes, von wo aus Sie weiter bis zum Kloster Vrondá und nach Kokkári wandern können. *14 km von Kokkári*

STAVRINÍDES ☀ (121 D2) *(G2)*

Das Dorf (60 Ew.) hat außer einer schönen Aussicht nichts Besonderes zu bieten. Dennoch kommen abends und an Wochenenden immer einige Einheimische herauf, um in der INSIDER TIPP Taverne *Irída* („Regenbogen") *(tgl. ab 10 Uhr | €)* am Dorfeingang preiswert und gut zu essen. Die Eier, Hühnchen und Kaninchen, die Wirtin Kataría zubereitet, stammen ebenso wie der Frischkäse *mizíthra* aus ihrem Dorf. In etwa einer Stunde können Sie von Stavrinídes nach Manolátes wandern; den Beginn des Pfades markiert ein Wegweiser an der Südseite der Dorfkirche. *17 km von Kokkári*

TSAMADOÚ BEACH ★ (121 F2) (*J2*)
Der etwa 400 m lange Strand aus flachen Kieselsteinen ist von der Küstenstraße aus rasch, aber nur zu Fuß zu erreichen und deswegen angenehm ruhig. Unterhalb eines Steilküstenabschnitts wird auch nackt gebadet. Vier Tavernen stehen zwischen Straße und Strand am grünen Hang neben Ölbäumen und Zypressen, Kiefern, Feigenbäumen und Weinstöcken. Direkt an der Straße bietet sich von einem bewaldeten Kap aus ein schöner Blick auf den Lemonákia-Strand, Kokkári und die Bucht von Vathý. Oberhalb des westlichen Strandendes können Sie in dem modernen Hotel *Armónia Bay (22 Zi. | Tel. 2273092279 | www.armoniabay.com | €€€)* einen ruhigen Urlaub in Strandnähe verbringen. *2,5 km von Kokkári*

TSAMBOÚ BEACH (121 E2) (*H2*)
Die westlichste der schönen Strandbuchten der Nordküste zwischen Kokkári und Karlóvassi wird weit weniger besucht als die Kokkári näher gelegenen Strände, obwohl sie jenen sehr ähnelt. Zur Taverne am Strand führt ein Weg hinunter, der auch mit PKW befahren werden kann. *7 km von Kokkári*

VALEONDÁDES (121 D2) (*H2*)
Nachtigallen sind tatsächlich noch im Nachtigallental Valeondádes zu hören, das von der Küstenstraße bei Ágios Konstantínos aus hinaufführt nach Manolátes. Im untersten Teil des Tals bilden riesige Oleanderbüsche fast einen Wald, kurz darauf wird es urwaldhaft grün. Die Straße passiert das große Ausflugslokal *Valeondádes (tgl. ab 9 Uhr | €€)* am Ufer eines ganzjährig wasserreichen Bachs. In dieser Taverne kann man an jedem Nachmittag leckeren hausgemachten Kuchen preiswert genießen und an Sommerwochenenden abends auch häufig griechische Livemusik hören. Weiter oben windet sich die Straße dann kurvenreich ins Bergdorf hinauf. *11 km von Kokkári*

VOURLIÓTES (121 E2) (*H2*)
Dieses Weinbauerndorf (500 Ew.) in mehr als 300 m Höhe galt wegen seiner winzigen, ringsum von Häusern umstandenen Platía einst als eines der schönsten Bergdörfer der Insel. Das bewog die Bewohner, den Platz zu modernisieren. Trotzdem ist er mit seinem halben Dutzend *kafenía* und Tavernen noch immer eine kurze Pause wert, zumal an den Dorfgassen noch einige alte Häuser mit den typischen vorspringenden Erkern stehen. Besonders gut ist die INSIDER TIPP Taverne *Péra Vrýsi (tgl. ab 9 Uhr | €€)*, die an der Hauptstraße zur Küste neben einer Quelle unter einer 250 Jahre alten Platane liegt. Wirt Stamátis und seine Frau bauen eigenen Qualitätswein an und pflegen die regionale Küche. Auch probierenswert: ihr Bergtee und ihr Joghurt.

Von Vourliótes aus wandern Sie über die Asphaltstraße in etwa 25 Minuten zum Kloster Vrondá und von dort aus hinunter nach Kokkári. Da INSIDER TIPP zweimal wöchentlich Linienbusse nach Vourliótes hinauffahren, ist diese Wanderung bei Kokkári-Urlaubern besonders beliebt. Sie bietet grandiose Ausblicke auf Kokkári. *11 km von Kokkári*

PYTHAGÓRIO UND DER SÜDEN

Im Süden von Sámos kommen nahezu alle Urlauber an, denn hier liegt in der größten Ebene der Insel der Pilotenkünste fordernde Flughafen. Bei westlichen Winden schwebt die Maschine übers Wasser ein und scheint gar auf ihm landen zu wollen, weil der Aufsetzpunkt nur wenige Meter vom Meer entfernt ist.

Bei östlichen Winden ist der Anflug ausgesprochen kurvenreich. Der Anflugkurs folgt der Linie des Gebirges, die Maschine fliegt nahe den Berghängen weit in die Ebene hinein, um dann eine scharfe Rechtskurve zu steuern und nach schnellem Sinkflug aufzusetzen. Noch spannender ist die Landung bei Dunkelheit, wenn die roten Signallichter auf den Hügeln weit oberhalb des Flugzeugs blinken.

Der Kámbos Chóras, die große Küstenebene von Chóra, war das Hauptsiedlungsgebiet der antiken Samioten. Hier erbauten sie ihre von langen Mauern umgebene Stadt, auf deren Grund teilweise das heutige Pythagório steht. Hier regierte der berühmte Tyrann Polykrates. Hier philosophierte Pythagoras, dessen Lehrsatz $a^2 + b^2 = c^2$ noch heute jeder Schüler kennt. Im Kámbos Chóras wurde im 6. Jh. der Versuch unternommen, zu Ehren der Göttin Hera und zum Ruhm des Tyrannen den größten Tempel Griechenlands zu bauen. Mit dem Tunnel des Eupalinos und der Hafenmole der Stadt entstanden zwei frühe technische Meisterwerke. So verwundert es nicht, dass Pythagório und das benachbarte Heraion seit 1992 zum Unesco-Weltkultur-

Bild: Pythagório – Blick auf die Stadt und den Hafen

Weiter Blick auf die Ägäis. Auf dem Gebiet des lebhaften Pythagório lag einst die antike Stadt Sámos

erbe gehören. Am Rand der fruchtbaren Ebene liegen außer Pythagório mehrere von der Landwirtschaft geprägte Dörfer und der beschauliche Ferienort Iréon, der vor allem bei jüngeren Leuten beliebt ist. Zwischen Pythagório und Iréon erstreckt sich ein mehrere Kilometer langer Kieselsteinstrand, an dem immer mehr kleine und große Hotels entstehen. Der Lärm vom nahen Flughafen ist erträglich, da jeden Tag nur einige wenige Maschinen auf Sámos landen und nachts meist gar keine.

Östlich schließen sich an Pythagório etliche kleine Strandbuchten und auch lange Strände an, darunter der Sandstrand von Psilí Ámmos (Ost). Westlich von Iréon aber nimmt die Südküste eine ganz andere Gestalt an. Steilufer und durch enge Schluchten fließende Bäche machen sie schwer zugänglich. Anders als im Norden führt hier keine Straße an der Küste entlang. Die Inselrundstraße verläuft kurvenreich weit landeinwärts. Nur wenn Sie den Umweg über Pagóndas und Spatharéi machen, blicken Sie oft

Pythagório: viel Netz, wenig Fisch

auf die Ägäis, sehen die türkische Küste und die Inseln Samiopoúla, Agathoníssi und Foúrni. Die wenigen winzigen Strände in diesem Küstenabschnitt erreichen Sie am besten per Boot, da meist nur raue Jeeppisten zu ihnen hinunterführen.

PYTHAGÓRIO

(122 B5–6) (*🕮 L6*) **Das Städtchen, das den Namen des antiken Philosophen und Mathematikers Pythagoras trägt, zählt nur 1350 Einwohner, stellt aber die meisten Fremdenbetten auf der Insel.**

Wie Kokkári ist der Ort nahezu völlig vom Tourismus geprägt, ohne dass Mammuthotels das optisch zeigen. Hotels und Häuser haben auch hier menschliches Maß, sind erträglich in die Landschaft eingepasst. Der Hafen wird von zwei Molen eingefasst. Die längere im Süden, an der auch größere Schiffe, Küstenwachboote der griechischen Marine, Fähren und Tragflügelboote festmachen, ist im 19. Jh. über den Ruinen der Mole des Polykrates aus dem 6. Jh. v. Chr. errichtet worden. Die kürzere im Norden, an der fast ausschließlich Fischerboote liegen, trägt ein modernes Pythagoras-Denkmal; sie wird deswegen auch Pythagoras-Mole genannt.

Zwischen beiden Molen führt eine abends autofreie Promenade am Hafenbecken entlang, auf der sich ein Lokal ans andere reiht. Segel- und Motoryachten, kleine Ausflugskaíkia und Fischerboote sind hier vertäut. Jenseits der Pythagoras-Mole setzt sich die Uferpromenade noch ein kurzes Stück fort, führt an weiteren Tavernen und zwei kleinen Kiesstränden vorbei und endet dann an der Marina.

Vom Zentrum der Uferpromenade führt die Odós Lykoúrgou Logothéti als für Autos weitgehend gesperrte Haupteinkaufsstraße des Städtchens zur Hauptstraße, die Chóra und den Flughafen mit Vathý verbindet. An der Logothéti-Straße findet man den Taxistand, gute Juweliere und Souvenirgeschäfte und Autovermietungen. Zu ihren beiden Seiten liegt die kleine, zumeist aus dem 19. Jh. stammende Altstadt von Pythagório. Zu ihrer Linken steigen die häufig von Oleanderbäumen gesäumten Gassen sich meist rechtwinklig schneidend sehr sanft zur *Logothétis-Burg* und der Hauptkirche *Metamórphosis* an. Pythagório ist also

ein Ort mit viel Atmosphäre und bietet auch so viele bedeutende Sehenswürdigkeiten in der unmittelbaren Umgebung, dass es sich lohnt, hier einen ganzen Tag mit Besichtigungen zu verbringen.
Vom Hafen aus fahren jeden Morgen *kaíkia* zu verschiedenen Stränden, sodass man auch dann, wenn man nicht selbst motorisiert ist, nicht nur auf die Kieselsteinstrände im unmittelbaren Ortsbereich wie den *Tarsanás Beach* an der langen Hafenmole angewiesen ist.

SEHENSWERTES

ANTIKE STADTMAUER

In der Antike war die alte Stadt Sámos, das heutige Pythagório, von einer 6430 m langen Stadtmauer umgeben. Sie war bis zu 6 m hoch und 5 m dick, besaß zwölf Tore und Pforten sowie 35 Türme und Bastionen. Teile der Mauer können Sie noch immer deutlich sehen. Die antike Stadt nahm wahrscheinlich eine Fläche von etwa 1000 mal 1300 m ein. Hier lebten zu Zeiten des Polykrates 15 000 bis 20 000 Menschen. Mauerreste erkennen Sie z. B. am Ufer auf dem Weg vom Tarsanás-Strand zur Logothétis-Burg, an der schmalen Gasse, die entlang der Rückseite der Hotels *Labito II* und *Stratos* verläuft, und vor allem auf dem Ambelos-Hügel. Dort kann man der alten Mauer durch weitgehend wegeloses Gelände mehrere hundert Meter weit folgen.

ARCHÄOLOGISCHES MUSEUM

Das 2010 neu eröffnete Museum zeigt im Erdgeschoss vor allem Keramik von der mykenischen bis zur römischen Epoche sowie zwei große Gold- und Silbermünzenfunde aus dem 4. Jh. v. Chr. und aus byzantinischer Zeit. Im Obergeschoss beeindrucken die Nachbildung eines antiken Kybele-Heiligtums, der Nachbau des Atriumhofs eines römischen Hauses und eine etwa 3 m hohe Monumentalstatue des römischen Kaisers Trajan. *Di–So 8–15 Uhr | Eintritt 6 Euro, Kombiticket (s. S. 107) 13 Euro | nahe der Zentralkreuzung an der Straße nach Vathý*

MARCO POLO HIGHLIGHTS

★ **Panagía Spilianí**
Doppelt heilig: Eine Kirche mit Marienikone und eine Kapelle in der Grotte mit wundertätiger Quelle → S. 56

★ **Tunnel des Eupalínos**
Technisches Meisterwerk der Antike → S. 58

★ **Kallísti Gallery**
Souvenirs von Künstlern und Kunsthandwerkern → S. 60

★ **Dóryssa Seaside Resort**
Musterbeispiel für gelungene Hotelarchitektur → S. 63

★ **Heraion**
Mega-Bauprojekt der Antike: Eine einzige Säule des Heiligtums blieb stehen → S. 65

★ **Kloster Tímíou Stavroú**
Ein Meisterwerk der Holzschnitzkunst → S. 69

★ **Samiopoúla**
Fast allein im Meer: Der Inselzwerg mit Strand liegt vor der Südküste → S. 74

★ **Tsópelas Beach**
Schattige Oase fernab der Zivilisation → S. 75

DÓNDIA
Wie hohle Riesenzähne ragen am Strand gleich östlich des Hotels *Dóryssa Seaside Resort* drei über 6 m hohe Quadersteinpfeiler weithin sichtbar in den Himmel. Sie sind Überreste einer frühchristlichen Basilika aus dem 6. Jh. *Frei zugänglich*

INSIDER TIPP FOLKLOREMUSEUM
Das Feriendorf auf dem Gelände des Hotels *Dóryssa Bay* ist für sich allein schon der gelungenen Architektur wegen einen Besuch wert. Man kann ihn gut mit einem Gang durch das Museum verbinden. Die Besucher sehen alte bäuerliche Gerätschaften, das Handwerkszeug von Korbmachern, Fischern und Imkern sowie alte Werkstätten, unter anderem die eines Zimmermanns, eines Töpfers, eines Schmieds und eines Barbiers. Auch ein sehr schlichtes samiotisches Bauernhaus wurde nachgebaut und darf betreten werden. *Di–So 10–14 Uhr | Eintritt 2 Euro | auf dem Gelände des Hotels Dóryssa Seaside Resort an der Straße zum Flughafen*

LOGOTHÉTIS-BURG
15 m über dem Meer erhebt sich am Rand der südlichen Altstadt von Pythagório auf einer *Kastélli* genannten Anhöhe ein wehrhafter Festungsturm, auch Logothétis-Burg genannt. Der Anführer der samiotischen Aufständischen ließ ihn 1822 unter Verwendung vieler antiker Quader errichten, denn die Türken versuchten, Sámos zurückzugewinnen.
Im 6. Jh. v. Chr. hatte an dieser Stelle aller Wahrscheinlichkeit nach der Palast des Polykrates gestanden. In der hellenistisch-römischen Zeit wohnten hier Vornehme in ihren prächtigen Villen. Im 5. Jh. erbauten Christen eine große Basilika. Über deren Trümmern entstand im Mittelalter schließlich eine byzantinische Burg mit kleiner Kapelle. Mauerspuren von all diesen Bauten aus der Vergangenheit sind noch am Ostrand des Friedhofs zu erkennen, der sich zwischen der Logothétis-Burg und der benachbarten Hauptkirche Pythagórios erstreckt. Die Burg selbst wurde restauriert und als Museum eingerichtet, das die Geschichte von Sámos dokumentiert. *Burg Di–So 8–15 Uhr | Eintritt frei | Gelände ständig frei zugänglich*

METAMÓRPHOSIS TOU CHRISTOÚ
Die 1932 fertiggestellte Hauptkirche von Pythagório ist der Verklärung Christi geweiht, die jährlich am 6. August gefeiert wird. An jenem Tag des Jahres 1824 hatten die aufständischen Griechen unter Führung von Lykoúrgos Logothétis einen Sieg gegen die sehr viel zahlreicheren türkischen Truppen errungen. Die gläubigen Kämpfer schrieben diesen Sieg dem direkten Eingreifen Christi zu. *Tgl. 10–13 und 17–20 Uhr | Kástro-Hügel*

PANAGÍA SPILIANÍ ★
In 125 m Höhe bildet das kleine Heiligtum der Panagía Spilianí am Hang des Ambelos-Hügels eine weithin sichtbare Landmarke. Sind Sie hinaufgestiegen oder -gefahren, betreten Sie zunächst eine Terrasse mit Tischen und Bänken, in deren Zentrum eine bescheidene Doppelkirche steht. Das rechte Schiff ist dem hl. Georg geweiht, das linke dem Tempelgang Mariens. Dort hängt eine als wundertätig verehrte, mit Votivtäfelchen beschenkte Marienikone. In den niedrigen Wohngebäuden am Hof haben nie Mönche gelebt, sondern meist ein Priester mit seiner Familie. Heute werden hier Souvenirs, Eis und gekühlte Getränke verkauft. Die kann man auf der Terrasse mit Blick auf Stadt, Flughafen und Meer genießen.
Von der Terrasse führen Stufen in eine Felsgrotte hinab. Gleich links sieht man in der Grotte den Platz, auf dem in der Nacht

Panagía Spilianí: Kapelle und heilendes Wasser unter der Erde

zum 22. November beim Kirchweihfest die Festsuppe *jortí* in Kupferkesseln über offenem Holzfeuer gekocht wird. Am Ende der Grotte duckt sich eine winzige Kapelle unter die Grottendecke. Daneben tropft an der linken Höhlenwand Wasser in ein Becken. Es gilt als heilig und wundertätig. Noch immer baden Mütter gelegentlich ihre kranken Kleinkinder darin in der Hoffnung, dass sie mit des Himmels Hilfe gesund werden. *Tagsüber ab 9 Uhr frei zugänglich, Spende für die elektrische Beleuchtung erbeten | Straße zum „Spiliani Monastery" ab Hauptstraße Odós Polykrates (Richtung Vathý) ausgeschildert. Ein Fußweg zum Heiligtum beginnt mit der Odós Milítou, einer Seitengasse der Straße, die von der Hauptkreuzung in Richtung Flughafen führt.*

PYTHAGORAS-DENKMAL

Das moderne Denkmal wurde 1988 auf der kürzeren der beiden Hafenmolen errichtet. Es trägt die Inschrift „Pythagoras der Samiote (580–496 v. Chr.)" und zeigt den Philosophen mit einem Dreieck in der linken Hand. Zusammen mit zwei Stäben bildet seine Figur wiederum ein Dreieck. Auf Pythagoras, der lange als Begründer von Mathematik und Geometrie galt, sind die Samioten von heute zu Unrecht stolz. Er stammte zwar von der Insel, doch verließ er sie schon früh aus Opposition gegenüber dem Tyrannen Polykrates und ging nach Unteritalien. Erst dort begründete er seine Lehre und seine Schule, die ihn weltberühmt machte. *Frei zugänglich | auf der nördlichen Mole*

RÖMISCHE THERMEN

Zwischen der Straße von Pythagório zum Hotel *Dóryssa Seaside Resort* und dem Strand erstreckt sich ein weitläufiges, eingezäuntes Ausgrabungsgelände. Hier standen in römischer Zeit die Thermen, also eine Art Vergnügungsbad, in dem freie Bürger oft den ganzen Tag mit Gesprächen, Ball- und Brettspielen und Körperpflege verbrachten. Im späten 6. Jh., also in frühchristlicher Zeit, brach man die Thermen weitgehend ab

Zur Erfrischung ein Eis aus der Gelateria, mmhhhh

und errichtete aus ihren Steinen an gleicher Stelle eine Basilika und einen bescheidenen Bischofspalast, Kalkbrennöfen, Wein- und Olivenpressen. Heute durchdringen sich die Spuren beider Bebauungen im Ausgrabungsgelände. Von der einstigen Basilika stehen noch die auch *Tría Dóndia* (drei Zähne) genannten, über 6 m hohen Pfeiler. Östlich schlossen in der heidnischen Antike an die Thermen Sportstätten an, darunter ein Gymnasion mit einer gedeckten Laufhalle und Sälen für Faust- und Ringkämpfer. *Di–So 8.30–14.45 Uhr | Eintritt frei*

THEATER

Zu jeder antiken Stadt gehörte ein Amphitheater. Das von Pythagório lag in 70 m Höhe am oberen Stadtrand, dicht unterhalb der heutigen Höhlenkirche Panagía Spilianí. Von den Sitzreihen und dem Bühnengebäude aus römischer Zeit blieben nur Spuren erhalten; die Geländemulde aber wurde mit viel Holz und leider auch nacktem Beton wieder zur Freiluftbühne hergerichtet. *Frei zugänglich | an der Straße zum Eupalínos-Tunnel und zur Panagía Spilianí*

TUNNEL DES EUPALÍNOS ★ ●

Die antike Stadt Sámos durfte sich mit dem Tunnel des Eupalínos einer der größten wissenschaftlichen und technischen Leistungen des Altertums rühmen. Über 1000 Jahre lang versorgte er die Stadt mit frischem Quellwasser. Irgendwann im Mittelalter geriet er in Vergessenheit, erst im 19. Jh. wurde er wieder entdeckt.

Als die Stadt Sámos um 550 v. Chr. rapide zu wachsen begann und sich weit über die engen Grenzen des Kastélli-Hügels (auf dem heute die Logothétis-Burg steht) hinaus ausdehnte, mussten die neuen Viertel mit Trinkwasser versorgt werden. Quellen gab es hier nicht. Zugleich wuchs die Gefahr einer feindlichen Belagerung. Auch dafür sollte die Trinkwasserversorgung der Stadt sichergestellt sein. Also entschied man sich, eine kräftige Quelle jenseits der Stadtmauern anzuzapfen und ihr Wasser über unterirdische Leitungen in die Stadt zu bringen. Dazu musste es durch den Ambélos-Hügel geführt werden. Ein gewisser Eupalínos, ein Ingenieur aus der Stadt Mégara in der Nähe Athens, meisterte die Aufgabe in etwa achtjähriger Bauzeit. Mit der schwierigsten Arbeit begann man zuerst: mit dem 1036 m langen Tunnel durch den Berg. Zunächst mussten Tunnelein- und -ausgang festgelegt werden. Wie aber sollte man dafür sorgen, dass sie in exakt gleicher Höhe lagen? Das gelang mit einem *Chorobat* genannten Nivelliergerät, einem langen Tisch mit einer Wasserrinne in der Mitte. Wenn das Wasser in der Rinne überall genau bis an den Rand reichte, stand der Tisch waagerecht. Über Kimme und Korn konnte nun jeder gleich hoch gelegene Punkt am Hang bestimmt und markiert werden. So arbeitete man sich um den halben Berg herum. Dann wurde mit Hilfe von Stöcken eine gerade Linie über den Berg abgesteckt. Wo sie die horizontalen Markierungen schnitt, mussten Ein- und Ausgang liegen. Anschließend begann man auf beiden Seiten gleichzeitig, einen Stollen durch den Berg zu treiben. Im Berg orientierte man sich mit Hilfe eines Lichtstrahls. Schwierigkeiten traten in einigen Tunnelabschnitten auf, weil sich dort das Gestein als zu brüchig erwies. Hier musste der Tunnel die Schwachstellen umgehen. Um die ursprüngliche Richtung wieder zu treffen, bediente man sich der Geometrie und plante die Umleitung in Form von gleichschenkligen Dreiecken.

Da Wasser zum Fließen aber ein Gefälle braucht, grub man am Rand des völlig waagerechten Tunnels einen Graben, der am Eingang 4 und am Ausgang 8 m tief ist. In ihm herrscht ein vollkommen gleichmäßiges Gefälle. Im Graben verlegte man dann etwa 4000 Tonröhren, durch die das Wasser floss. Insgesamt wurden im Tunnel etwa 5000 m^3 gewachsener Fels ausgehoben – ohne jede Maschine, nur mit Hammer, Meißel und Schaufel. Erst als das Tunnelbauwerk gelungen war, schuf man die etwa 1000 m lange Zuleitung von der Quelle bis zum Eingang und die Stadtleitungen vom Ausgang zu mindestens drei Brunnenhäusern. Der Tunnel ist beleuchtet, trotzdem leistet eine Taschenlampe gute Dienste. Auch rutschfeste Schuhe sind hilfreich. *Wiedereröffnung des lange gesperrten Tunnels für 2017 geplant, aktuelle Infos auf www.marcopolo.de/samos | Zufahrt an der Odós Polykrates ausgeschildert, auch zu Fuß von Pythagório aus in etwa 30 Minuten zu erreichen.*

ESSEN & TRINKEN

Auch wenn Sie einen ganzen Monat lang in Pythagório blieben, könnten Sie jeden Abend eine andere Taverne ausprobieren. Sie finden sie nicht nur an der Hafenpromenade, sondern besonders zahlreich auch in den engen Gassen zwischen Hafen und Logothétis-Burg.

INSIDER TIPP FÁROS

Die letzte Taverne an der Uferpromenade liegt schon jenseits der östlichen Hafenmole am winzigen Rematáki Beach. Tagsüber stehen Liegestühle und Sonnenschirme am Strand, abends die Tische und Stühle des auf zwei Terrassen überm Strand modern gestylten Lokals mit besonders freundlichem und gutem Service. Die Küche wandelt traditionelle Rezepte kreativ ab, bietet als Höhepunkte geräucherte Auberginen mit Ziegenkäse, Zwiebeln, Tomaten und Paprika oder den gegrillten Kuhmilchkäse *mastéllo* von der Nachbarinsel Chíos. Das leichte Knoblauchpüree *skordaljá* ist eines der besten ganz Griechenlands. *Tgl. ab 11 Uhr | am nordöstlichen Ende der Uferpromenade |* €€€

INSIDER TIPP GELATERIA ORANGE

In der kleinen Eisdiele mit nur wenigen Sitzplätzen werden alle rund 45 Eissorten hausgemacht, zum Teil auch aus Ziegen- und Büffelmilch. Der O-Saft wird aus samischen Orangen gepresst, die Smoothies aus frischem Obst. *Odós Lykoúrgou Logothéti, unterer Teil*

INSIDER TIPP IERÁ ODÓS

In der ersten Etage eines über 80 Jahre alten Hauses gibt's im stilvoll eingerichteten Café-Bistro außer diversen heißen Schokoladen und guten Cocktails, Smoothies und Weinen, Kuchen und Eis auch das traditionelle Gebäck *tiganítes* mit Honig und Zimt, das die Wirtin für jeden Gast frisch ausbackt. Auf dem einzigen Balkon zur Straße hin steht nur ein einziger Tisch, mehr Platz im Freien bietet die Terrasse mit Burgblick auf der Rückseite. *Tgl. ab 9 Uhr | an der Haupt-T-Kreuzung neben der Bushaltestelle | €€*

INSIDER TIPP PYTHAGÓRIO
Die beste Konditorei im Ort verwöhnt ihre Gäste mit einer großen Auswahl an Torten, mit orientalischem Gebäck, mit gefüllten Croissants und Pasteten. Sie sitzen auf einer schmalen Gasse zwischen der Hauptstraße und dem Rathausplatz. *Tgl. ab 8.30 Uhr | Odós Theodórou/Ecke Odós Roíkou*

REMATÁKI
Zwei Terrassen stehen zur Auswahl: eine unter Tamarisken direkt am Meeresufer, eine zweite unter einem Blätterdach, in dem aus einem Dutzend Vogelbauer lautes Gezwitscher erklingt. Zu den Spezialitäten des Hauses gehören Artischockensuppe und *gígantes* genannte Pferdebohnen sowie Kaninchen in Rotweinsauce. *Tgl. ab 10 Uhr | an der Hafenpromenade am Rematáki Beach östlich der Pythagoras-Mole | €€*

TARSANÁS
Einige Tische und Stühle dieser Taverne nahe der Hafenmole stehen direkt auf dem kleinen Kiesstrand Tarsanás Beach am südlichen Ende der Hafenpromenade. Der Service ist flott – und wenn die Kinder trotzdem ungeduldig werden, können sie ganz in der Nähe der Eltern am Strand spielen. *Tgl. ab 10 Uhr | Platía Tarsanás | €€*

TO TIGÁNI TIS PLATÍAS
Kleine Taverne alten Stils an einem kleinen Platz ohne Meerblick, aber nahe dem Hafen. In dörflicher Atmosphäre bieten die Wirtsleute klassische Tavernengerichte wie das gebackene Lamm *kleftikó* oder gefüllte Tomaten und Paprikaschoten. Samstags gibt es Lamm oder Zicklein vom Spieß. *Tgl. ab 10 Uhr | Platía Dimarchíou | €€*

TRATTORIA DE SAMOS – 83100
Im Lokal, das die Postleitzahl von Sámos im Namen trägt, kochen und arbeiten die Inhaber Kóstas und Vívi mit viel Heimatliebe und Leidenschaft. Pizza, Pasta und Burger sind hausgemacht, bei anderen Gerichten gehen Italien und Sámos eine Symbiose ein. *Tgl. ab 11 Uhr | Hafenpromenade, kurz vor der Fährmole | €€*

EINKAUFEN

EN ARCHÍ OINOLÓGOS
Der Name dieses Geschäfts lässt sich als „Am Anfang Önologe" oder auch als „Am Anfang war das Wort" verstehen. Der Inhaber, Adónis Solouniás, hat die Wissenschaft vom Wein studiert, seine Hamburger Mitarbeiterin Beate sorgt fürs erklärende deutsche Wort in seinem fast schon überladen wirkenden Souvenirgeschäft. Empfehlenswert ist allemal das von Adónis selbst entworfene Pythagoras-Puzzle, mit dem auch Kinder den Lehrsatz des Pythagoras spielerisch nachweisen können. *Odós Lykoúrgou Logothéti (an der Bushaltestelle Richtung Vathý)*

GIÁNNIS LOULOURGÁS
Giánnis baut und verkauft typisch griechische Musikinstrumente wie die Bouzoúki und den Baglamás. Obendrein lehrt er in Kursen, wie sie zu spielen sind. *Sehr unregelmäßig geöffnet | Odós Metamorfóseos*

KALLÍSTI GALLERY ★
Die Stücke in der Galerie von Jánnis Spyrídonos heben sich wohltuend vom Einheitsangebot ab. Er präsentiert Wer-

Einladung zum Entspannen und Baden: Strand von Pythagório

ke lebender griechischer Künstler und Kunsthandwerker verschiedener Richtungen. Silberschmuck und -objekte gehören ebenso zum Sortiment wie Keramik, Skulpturen, Glas, Seidenmalereien und handgemalte Ikonen. *Odós Lykoúrgou Logothéti, oberer Teil*

TO SOUSÁMI

Im hübsch eingerichteten kleinen Bioladen finden Sie Kräuter, Olivenöl, getrocknete Auberginen und andere Trockenfrüchte und vieles mehr aus organischem Anbau und fairem Handel. *Odós Lykoúrgou Logothéti (an der Bushaltestelle)*

SPORT & STRÄNDE

Die schmalen Kieselsteinstrände im Altstadtbereich sind nur für Strand-Spartaner geeignet. Der eigentliche Badestrand beginnt westlich der Altstadt auf Höhe des Schulzentrums und erstreckt sich nahezu schattenlos kilometerlang bis zum Hotel *Dóryssa Seaside Resort*. Von dort setzt er sich als Potokáki Beach fast bis nach Iréon fort.

Gelegenheit zum Jetski oder Wasserski fahren sowie zur Tretbootmiete bietet *Jet Ski Sámos* am östlichen Ende des Potokáki Beach, Beachvolleyball können Sie neben der modern gestylten *Beach Volley Bar* am westlichen Ende des Potokáki Beach spielen. Das umfangreichste Wassersportangebot bietet *Wind & Water Watersports* am Strand des Hotels *Dóryssa Seaside Resort.*

Besonders reizvoll sind tägliche Fahrten mit kleinen, hölzernen Ausflugsbooten zu den Stränden der Umgebung, die man auch per Fahrrad, Moped oder Mietwagen erreichen kann.

AM ABEND

INSIDER TIPP EF ZIN

Abseits von Hafen und Mainstream hat sich am Rematáki Beach eine kleine Terrassenbar etabliert, in der sich die Gäste bei Rockklassikern, griechischer Musik

In der Bucht von Pythagório trifft man sich abends in Restaurants und Bars

und Jazz auch noch unterhalten können. Die Minze für den Mojito wird stets frisch geschnitten, das Weizenbier anders als sonst in Hellas vom Kellner auf Wunsch sogar ins Glas gegossen. Teelichter und farbenfrohe moderne Wandmalereien runden das geschmackvolle Bild ab. *Tgl. ab 11 Uhr | Rematáki Beach*

NUMBER 10 CLUB

In der ältesten Diskothek des Städtchens richtet sich der DJ ganz nach dem jeweiligen Publikum, spielt alles von Oldies bis zu Punk und Techno. *Mi–So ab 23 Uhr | Odós Georgiádi (nahe dem Postamt)*

STATHMÓS

Das kleine, traditionelle *kafenío* direkt an der Kreuzung ist trotz seiner unmittelbaren Nähe zum Straßenverkehr schon ab 9 Uhr morgens stets gut gefüllt. Abends wird es zum INSIDER TIPP Kulttreff aller langjährigen Pythagório-Urlauber, aller Liebhaber preisgünstiger alkoholischer Getränke und guter griechischer Musik. Zu Bier, *súma,* Ouzo oder dem Glas Wein gibt es hier nach traditioneller Art und zu jeder Tageszeit ungefragt einen kleinen Gruß aus der Küche, mal warm, mal kalt, ganz nach Laune des Wirts. Nach drei Bier ist man auch satt. So finden hier Griechenlandurlauber alten Schlags noch die Atmosphäre, die sie schätzen. *Tgl. ab 7 Uhr | an der Hauptkreuzung*

ÜBERNACHTEN

Etliche kleinere Hotels sind unauffällig ins Bild der Altstadt von Pythagório integriert; einige stehen auch direkt an der Hafenpromenade. Die großen Badehotels liegen alle etwa 2 bis 3 km außerhalb der Stadt: im Westen im neuen Ortsteil *Potokáki* an einem kilometerlangen Kies-

Kieselstein-Strand, im Osten oberhalb kleiner Buchten mit kurzen Stränden gleicher Qualität.

DÉSPINA

Diese kleine Pension besteht aus zwei Häusern, zwischen denen ein kleiner Innenhof liegt. *11 Zi., z. T. mit Kochgelegenheit | Odós Agíou Nikólaou (nahe Platía Irínis) | Tel. 22 73 06 16 77 | www.samosrooms.gr/despina* | €

DÓRYSSA SEASIDE RESORT ★

Dieses Hotel gehört zu den besten ganz Griechenlands. Am Strand benötigt man keinen Sonnenschirm, weil mehrere Reihen kräftiger Tamarisken natürlichen Schatten bieten. Das Haupthaus mit 350 Betten ist in die Breite statt in die Höhe gebaut und so gut der Landschaft angepasst. Eine Meisterleistung ist das dazugehörige Hoteldorf mit Apartments für 250 Gäste. Kein Haus gleicht dem anderen, alle sind repräsentativ für traditionelle samiotische Architektur. Man findet klassizistische Villen, Häuser mit Erkern und kleine Fischerhäuser.

Die Gassen haben die für Sámos typischen Wasserrinnen in ihrer Mitte. Die Straßenschilder sind die gleichen wie in den echten griechischen Städten. Auf dem Dorfplatz steht eine richtige Kirche. Und auch das Kaffeehaus wirkt echt. Nur die Preise sind dort dreimal höher als in einem wirklichen Dorf-Kafeníon. *310 Zi. und Apts. | Potokáki | Tel. 22 73 08 83 00 | www.doryssa.gr* | €€€

DRÝOUSSA

Diese Pension im historischen Zentrum wird geführt von der seit über 20 Jahren hier ansässigen Chilenin Cristina und ihrem Mann Stávros. Die INSIDER TIPP Zimmer 6 und 8 haben einen Balkon mit Blick auf die Überreste der byzantinischen Stadtmauer. *6 Zi. mit Balkon | Odós Pythágora | Tel. 22 73 06 18 26 | www.dryoussa.gr* | €

LÁBITO II

Ein angenehmes, ganzjährig geöffnetes sowie ruhig gelegenes Touristenhotel mit einigen Zimmern (110–113), auf deren Balkons Sie quasi unmittelbar an der byzantinischen Stadtmauer sitzen. Gutes Preis-Leistungs-Verhältnis. *59 Zi. | Odós Dimitríou Rafália | Tel. 22 73 06 10 86 | www.labito.gr* | €€

PHILOXÉNIA

Diese kleine Pension punktet mit ihrer zentralen Lage. Es gibt Zimmer mit Bergblick, das Ganze ländlich-ruhig. Die Atmosphäre in dieser Unterkunft ist sehr leger: Sobald Sie das Haus betreten, stehen Sie in der großen Küche, in der Sie sich jederzeit selbst Ihr Frühstück und kleine Speisen zubereiten können. Tische und Stühle stehen in der Wohnküche und auf der kleinen Terrasse davor. Praktisch

LOW BUDG€T

Die am besten gestylte Beach Bar am Strand von Potokáki heißt *Beach Volley (www.bvpotokaki.gr)*. Diverse Liegemöglichkeiten, Sonnenschirme und WLAN-Zugang sind für Gäste der Bar kostenlos, die Getränkepreise fallen aber trotzdem nicht höher aus als anderswo.

Am Hafen von Pythagório dürfen Hungrige nicht auf Schnäppchen hoffen. Für eine preiswerte Mahlzeit sind die Grillstuben am oberen Ende der Hauptstraße Lykoúrgou Logothéti besser geeignet. Da wird man schon für weniger als 5 Euro satt.

für Traveller: die hauseigene Schnellwäscherei. *Odós Polykrátous (von der Einmündung der Odós L. Logothéti auf die Straße Chóra–Vathý 40 m in Richtung Vathý) | Tel. 22 73 06 10 55 | www.samosrooms./philoxenia.gr | €*

PROTÉAS BLUE RESORT

Das erste Hotel der Luxuskategorie auf Sámos. Am Hang über einem 500 m langen Sand-Kies-Strand gelegen. Zimmer und Suiten im Hauptgebäude, Bungalows mit jeweils separatem Zugang vom Garten her. Außen- und Innenpool, Sauna, Tennis, Mountainbikeverleih. *92 Zi. | abseits der Straße Richtung Vathý | Tel. 22 73 06 22 00 | www.proteasbluresort.gr | €€€*

AUSKUNFT

Wie in so vielen Gemeinden Griechenlands musste im Zeichen der Bankenrettung auch in Pythagório die städtische Touristeninformation aus Kostengründen geschlossen werden.

Busfahrpläne hängen an der Haltestelle aus. Über Schiffsverbindungen informiert umfassend das Reisebüro *By Ship Travel* an der Bushaltestelle. Wer einen Bootsausflug plant, fragt abends bei den Kapitänen im Hafen nach.

BUSVERBINDUNGEN

3- bis 5-mal tgl. nach Iréon, Di 1-mal tgl. nach Karlóvassi über Pýrgos, zwischen 7.20 und 19.55 Uhr 12-mal tgl. nach Vathý

ZIELE IN DER UMGEBUNG

BÁLOS (120 A–B6) *(🗺 F5)*

Bálos war in früheren, straßenlosen Zeiten, die noch bis zum Zweiten Weltkrieg währten, der Ankerplatz für die Frachtboote, die Waren von oder für das Bergdorf *Kouméika* brachten. Heute ist es ein sehr ruhiger, abseits der Hauptstraßen gelegener Badeort, der nur im Sommer zum Leben erwacht. Der etwa 1 km lange Strand beginnt bereits im Ortszentrum und zieht sich dann sandiger werdend gen Osten, wo weit ab der Siedlung auch Nacktbaden geduldet wird.

Ein exzellentes, von einem Ehepaar sehr persönlich geführtes Hotel mit Pool ist das INSIDER TIPP *Princess Tia (14 Zi. mit Kochnische | Tel. 22 73 03 63 31 | www.princesstia.gr | €€)* am östlichen Ende des Orts, ganz nahe dem schönsten Strandabschnitt. Etwas einfacher und auch preiswerter sind die Apartments der *Villa Katína (12 Apts. | Tel. 22 73 03 74 16 | €)* am östlichen Strandende.

Am westlichen Strandende führt ein Pfad neben der Taverne *Bálos* zur etwa 70 m landeinwärts gelegenen INSIDER TIPP Gartentaverne *Stélla (tgl. ab 18 Uhr | €)*, die gute griechische und zypriotische Küche bietet. In dem Familienbetrieb, den der samiotische Wirt Níkos, seine zypriotische Frau Stella und ihr Sohn Kyriákos betreiben, der auch schon in Düsseldorf und auf Zypern als Koch arbeitete, werden für die täglich wechselnden Gerichte nur Biogemüse aus dem eigenen Garten verwendet und das Brot selbst gebacken. Fritteuse und Mikrowelle sind bei ihnen tabu, stattdessen wird Kreativität groß geschrieben. Bisweilen servieren die Wirtsleute sogar mit Oktopus oder Meeresfrüchten gefüllte Tomaten, fast immer steht im Steinofen gebackenes *kléftiko*-Lamm auf der Karte. *32 km von Pythagório*

CHÓRA (122 A5) *(🗺 K5)*

Chóra ist auf vielen griechischen Inseln die Bezeichnung für ihren Hauptort. Diese Chóra (1500 Ew.) war seit der Wiederbesiedlung Sámos' im 16. Jh. bis 1834 die Hauptstadt der Insel. Die alten

Wohnhäuser mit ihren Erkern und die alten Gassen mit ihren breiten Regenwasserabflussrinnen in der Mitte erinnern noch daran, aber die Atmosphäre im Dorf ist wegen zahlreicher Neubauten keineswegs mehr romantisch.

HERAION ★ (125 F4) (*🗺 J6*)

Das bedeutendste antike Heiligtum der Insel liegt im Westen der Küstenebene nahe dem heutigen Ort Iréon und dem Meer. Deutsche Archäologen arbeiten bereits seit 1925 an seiner Freilegung. Imposante Bauten wie auf der Athener Akropolis oder in Délphi darf man hier freilich nicht erwarten. Alles, was noch vom antiken Glanz zeugt, ist eine einzige aufrecht stehende Säule, die im Altertum allerdings doppelt so hoch war: über 20 m. Sie gab dem Ort den volkstümlichen Namen *kolónna* (Säule).

An dieser Stätte wurde schon in mykenischer Zeit eine Fruchtbarkeitsgöttin verehrt. Als Sámos um 1000 v. Chr. von ionischen Griechen besiedelt wurde, weihten sie das Heiligtum Hera, ihrer höchsten Göttin.

Zunächst standen hier wohl nur ein einfacher, offener Schrein zur Aufnahme des Kultbilds in Form eines Holzbretts und ein Keuschlammstrauch, von dem angenommen wurde, er sei der Göttin heilig. Im 8. Jh. v. Chr. erbaute man ihr einen ersten, kleinen Tempel aus Lehmziegeln, der 33 m lang, 7 m breit und mit Tonziegeln gedeckt war.

Nur eine Kopie: die Geneleos-Gruppe an der Ausgrabungsstätte in Heraion

Als Sámos im frühen 6. Jh. zu einer der mächtigsten und reichsten Inseln der Ägäis aufstieg, wurde er als nicht mehr gut genug angesehen. Man engagierte die Architekten Rhoikos und Theodoros, die einen zwölfmal größeren Tempel von 105 m Länge und über 52 m Breite entwarfen. Nach zehn Jahren Bauzeit war er um 560 v. Chr. fertig. Seine Ringhalle, also der Kranz um das Mauerwerk der Cella, bestand aus einer Doppelreihe von 21 Säulen an den Längs- und acht bzw. zehn Säulen an den Breitseiten. Der Säulenwald dieses größten Tempels seiner Zeit muss wirklich beeindruckend gewesen sein.

Der Tempel, dessen Gebälk und Dachstuhl aus Holz gearbeitet waren, brannte aber schon 30 Jahre nach seiner Erbauung völlig nieder. Zu der Zeit herrschte schon der Tyrann Polykrates. Er ließ sich die Chance nicht entgehen, sich durch einen noch größeren Tempelbau ewigen Ruhm zu sichern. Sein Tempel sollte über 108 m lang und über 55 m breit werden, was in etwa der Grundfläche des Straßburger Münsters entspricht. 155 über 20 m hohe Säulen waren vorgesehen. Doch das ehrgeizige Tempelprojekt wurde niemals vollendet.

Beim Rundgang werden Sie sicherlich zunächst zur Säule gehen. Von hier aus ist der Grundriss des Tempels gut zu erkennen. Östlich des Tempels sieht man dann ein Gewirr von Grundmauern. Sie gehören zu einer kleinen frühchristlichen Kirche, zu einem Tempel aus römischer Zeit und zum großen Hera-Altar, auf dem der Göttin Tiere als Brandopfer dargebracht wurden. Hier steht wieder ein blau blühender Keuschlammstrauch, der auch Lykos-Baum genannte heilige Baum der Hera.

Zum Hera-Heiligtum führte von der antiken Stadt Sámos aus eine heilige Straße. Ihr letztes Stück liegt im Bereich des Ausgrabungsgeländes. An seiner Nordseite standen verschiedene kleine Tempel, zu beiden Seiten Statuen und Weihegaben. An der Stelle, wo die berühmte Geneleos-Gruppe aufgestellt war, befindet sich heute eine Kopie; das Original ist im Archäologischen Museum von Vathý zu sehen. *Di–So 8–15 Uhr | Eintritt 6 Euro, Kombiticket (s. S. 107) 13 Euro | die Zufahrt von der Straße zum Ort Iréon aus ist ausgeschildert. 9 km von Pythagório*

IRÉON (125 E4–5) (*🕮 J6–7*)

Der Ort, der der Göttin Hera gehört (so die wörtliche Übersetzung), ist heute in der Hand überwiegend jüngerer Urlauber, die das Improvisierte schätzen. Iréon war noch vor drei Jahrzehnten nicht mehr als der Bootsliegeplatz des Bergdorfs Pagóndas. Fischer hatten hier ihre einfachen Häuser und Bootsschuppen. *Kaíkia* legten an. Waren aus anderen Teilen Griechenlands wurden verkauft und die Produkte der Region – Öl, Oliven und Seife – mitgenommen. Unter anderem an diese lange Tradition erinnert ein modernes Schifffahrtsmuseum, das im Laufe des Jahres 2017 eröffnet werden soll *(aktuelle Infos unter www.marcopolo.de/samos)*.

Iréon wirkt planlos erbaut. Viele Tavernen und Cafés haben auf den Strand hinausgebaute Terrassen, die eigentliche Ufergasse ist autofrei und von kleinen, alten Fischerhäusern gesäumt. Der lange Kiesstrand ist noch weitgehend frei von Liegestühlen und Sonnenschirmen, nichts ist perfektioniert. Am südwestlichen Strandende ist eine kurze Mole gebaut worden, die kleinen Fischer- und Freizeitbooten Schutz bietet.

Gehen Sie von hier aus etwa 700 m den Uferweg entlang, kommen Sie zum *Pappá-Strand,* zwei winzigen Kieselsteinbuchten mit einer einfachen Taverne unter Kiefern. Die Atmosphäre ist leger wie zu Hippiezeiten, das Schnorchelrevier ist ideal, Badeschuhe sind dringend anzuraten. Eine besonders schöne Pension ist das 70 m vom Strand entfernte ● INSIDER TIPP Haus *Ermióni* *(8 Zi. | am südlichen Ortsrand | Tel. 2273095364 | www.pension-ermioni-samos.de | €)* von Jánnis und Ulrike Talaepórou. Der Wirt ist Biobauer, die Wirtin gelernte Physiotherapeutin. Sie bietet ihren Gästen außer orthopädischen Betten auf Wunsch auch

Sonne, Meer und Müßiggang: am winzigen Pappá-Strand

Massagen und sogar Gymnastikstunden an. Zum Frühstück kommen Marmeladen aus eigener biologischer Herstellung auf den Tisch, die auch Nicht-Pensionsgäste ebenso wie das Bio-Olivenöl hier kaufen können. Besonders gut essen können Sie im INSIDER TIPP *Restaurant Taurus (tgl. ab 19 Uhr | €€)* am Dorfplatz. Dort bieten der gelernte Küchenmeister Thomas Wagner und seine Frau Anne aus dem Bergischen Land seit 2012 außer perfekt gegrillten Steaks selbst geräucherten Fisch, raffinierte Dips und – nicht nur für die Kleinen – eine Currywurst. Eine ganz griechische Alternative bietet das INSIDER TIPP *Eptastádio (tgl. ab 11 Uhr | €)* am Weg zum Pappá-Strand: Da sitzt man leicht erhöht überm Meer mit prächtigem Fernblick an von der polyglotten Wirtsfamilie selbst bemalten Tischen, genießt Kuchen, Salate, frischen Fisch oder eine Vorspeisenplatte mit typisch samiotischen Leckereien. *10 km von Pythagório*

KLOSTER AGÍA TRIÁDA

(122 B5) (*🕮 L5*)

Das Kloster am Rand der Ebene von Mytiliníí wurde 1824 gegründet. Inzwischen leben in dem festungsartigen Bau nur noch ein Mönch und eine Nonne. Die Kirche in dem jederzeit frei zugänglichen Innenhof ist verschlossen, bietet aber auch keine künstlerischen Schätze.

Vom Kloster aus sind die Überreste der antiken Stadtmauer auf dem Hügelzug hinter Pythagório gut zu erkennen; Sie können in etwa 50 Minuten dort hinaufwandern und auf der anderen Bergseite nach Pythagório hinabsteigen. *Tgl. 8–13 und 16–20 Uhr | Eintritt frei | die 3,8 km lange, asphaltierte Zufahrt zum Kloster ist an der Hauptstraße Chóra–Mytiliníí ausgeschildert. 12 km von Pythagório*

Kloster Megális Panagías: Den Wandmalereien macht Kerzenruß zu schaffen

KLOSTER MEGÁLIS PANAGÍAS

(125 E3) *(🕮 H5)*

In dem heute nur noch von vier Mönchen bewohnten Kloster lebten zu seinen besten Zeiten ungefähr 60 Mönche. Mehrfach gab es Brände. Nur die Klosterkirche im Innenhof überstand sie unbeschadet. Ihre Wandmalereien aus dem Jahr 1596 sind noch nahezu vollständig erhalten, sodass man hier die traditionelle Ausschmückung einer byzantinischen Kirche kennenlernen kann. Sie wird zurzeit von den Mönchen, die auch etwas ökologische Landwirtschaft betreiben und ihre Produkte in einem kleinen Klosterladen verkaufen, mit eigener Hände Arbeit restauriert.

Zunächst betreten Sie die Vorhalle der Kirche, den Narthex. Eindrucksvoll ist die vielfigurige Darstellung des Jüngsten Gerichts an deren Ostwand. Vom Thron Christi aus werden die Gerechten ins Paradies geführt, während die Sünder in einem Feuerstrom in die Hölle gerissen werden. Südlich des Narthex führt Sie eine kleine Tür in eine Seitenkapelle, die den Aposteln Petrus und Paulus geweiht ist. An der Ostwand hinter dem Altar zeigen zwei Fresken, welche Martyrien diese beiden auf sich nahmen: Petrus wurde kopfüber gekreuzigt, Paulus enthauptet. In der Klosterkirche selbst sollten Sie zunächst die Kuppel betrachten. Aus ihr blickt Christus als Pantokrator, als Allesbeherrschender, herab. In der Apsiswölbung ist Maria zu sehen, die beide Hände zum Gebet erhebt. Darunter erkennen Sie die Apostelkommunion, die nach orthodoxem Glauben im Himmel ständig gefeiert wird: Auf der einen Seite einer Art Altar reicht Christus sechs Aposteln das Brot. Auf der anderen Seite ist er ein weiteres Mal dargestellt, wie er den sechs übrigen Aposteln den Wein spendet. *Mi–Mo 10–13 und 17.30–20 Uhr | Eintritt frei | Zufahrt am Ortsanfang von Koumaradéi ausgeschildert. 15 km von Pythagório*

KLOSTER TIMÍOU STAVROÚ ★

(125 E2) *(🗺 J5)*

Das Mönchskloster der Kreuzeserhöhung ist besonders sehenswert und leicht zu erreichen. Gegründet wurde es zwar schon 1592, die große Klosterkirche aber stammt erst aus dem Jahr 1838. Auch die Zellentrakte wurden im 19. Jh. gebaut. Das Kloster liegt einsam am Hang zwischen den Dörfern Koumaradéi und Mavratzéi nur 800 m abseits der Inselrundstraße. Betritt man es durch das alte rote Holztor, steht man gleich im Innenhof, der sich nach Süden zur Landschaft hin öffnet, weil der Südflügel des Klosters 1950 abbrannte und seine Ruine abgetragen worden ist.

Im kleinen Klostergarten zur Linken wachsen Orangen und Zitronen, Oliven und Geranien; überall im Kloster warten zahllose Katzen auf Futter. Auf dem Hof liegen ein paar Säulenstümpfe, die wohl von einer frühchristlichen Basilika stammen.

BÜCHER & MUSIK

Der Ring des Polykrates – Die Ballade von Friedrich Schiller dreht sich um den großen samiotischen Tyrannen des 6. Jhs. vor Christus und dessen Hochmut, der auch bei ihm vor dem Fall kommt

Der Komet von Samos. Das Leben des Pythagoras – Tonny Vos-Dahmen von Buchholz beschreibt nicht nur das Leben des Philosophen und Mathematikers, sondern entwirft auch ein farbiges Bild von Alltag und Politik im Sámos des 6. Jhs.

Die Spur führt nach Sámos: Sechs Freunde und der Apostel Paulus – Das nette Kinderbuch von Bodo Meier-Böhme versetzt Lucie und ihre Freunde per Zeitmaschine in die antiken Städte Ephesos und Sámos im Jahr 54 n. Chr. Es gilt, einen Kriminalfall der Antike zu lösen

Äolische Erde – Der Roman des einst nobelpreisverdächtigen griechischen Schriftstellers Elías Venésis spielt zwar nicht auf Sámos, aber im frühen 20. Jh. unter Griechen auf dem gegenüberliegenden kleinasiatischen Festland

Die Sonne im Zentrum – Mit der Lebensgeschichte des samiotischen Astronoms Aristarch als Leitfaden führt Autor Thomas Bührke seine Leser in die Denkart der Antike ein und lässt sie teilhaben an den Disputen des Protagonisten über die heliozentrische These

Königin der Insel: Eine Liebe auf Samos – Doris Gercke, die Autorin der Bella-Block-Kriminalromane – auch bekannt durch die Verfilmungen –, verarbeitet in diesem Roman ihre Kurzeindrücke von der Insel

Triptych – Eine Symphonie und zwei weitere Werke des Samioten Manólis Kalomíris, eines klassischen Komponisten Griechenlands, auf einer preiswerten CD, eingespielt vom Athener Staatsorchester

Gleich links neben dem Südportal der Klosterkirche hängen nach alter Sitte am alten Marmorbrunnen mit seinen schönen Reliefs zwei Trinkschalen, aus denen Sie sich erfrischen können. Im kleinen Garten stehen zahlreiche *píthoi*, fast mannshohe Tongefäße, die zur Aufbewahrung von Olivenöl dienten. Sie laufen an der Unterseite fast spitz zu, weil sie ursprünglich ein Stück in die Erde eingegraben wurden, um Wasser und Most kühl zu halten.

In der Klosterkirche zieht die hohe Ikonostase aus Lindenholz sofort den Blick auf sich. Zwei Holzschnitzer von der Nachbarinsel Chíos stellten sie 1854 nach zehnjähriger Arbeit fertig. Ihren oberen Abschluss bilden zwei Reihen von Ikonen. Die im westlichen Stil recht dramatisch gemalten Ikonen in der unteren Reihe stellen Kirchenfeste und Szenen aus der Passionsgeschichte wie Abendmahl und Kreuzigung dar. Die im byzantinischen Stil gemalten Ikonen mit Goldhintergrund in der oberen Reihe, die Ruhe und Würde ausstrahlen, zeigen Heilige und Apostel. Einen gründlichen Blick lohnen die figürlichen Holzschnitzereien im unteren Teil der Ikonostase. Unter der Christusikone (rechts von der mittleren Tür) sieht man Abraham, der gerade zur von Gott geforderten Tötung seines Sohnes Isaak ansetzt. Ein Engel schwebt herbei, der Abraham ein Schaf bringt, das er anstelle seines Sohns opfern soll. *Di–So 9–13 und 18–20 Uhr | Eintritt frei | Zufahrt von der Inselrundstraße aus ausgeschildert. 9 km von Pythagório*

KOUMARADÉI (125 E3) (*H5*)

Das Hangdorf Koumaradéi wäre ein Ort wie viele andere, gäbe es hier nicht einige besondere Frauen. Eine von ihnen ist Georgía Klironómou, die die Kräuterfabrik ihres Schwiegervaters übernommen hat. Seit mehr als 30 Jahren werden hier in der Umgebung gesammelte Kräuter wie Thymian und Oregano, Salbei, Lorbeer, Minze und Anis gereinigt, gewogen und verpackt. Aus Lorbeer- und Eukalyptusblättern, Kamillenblüten und vielerlei Zutaten mehr komponiert man gesunde Bergtees. Georgía hat dieser traditionellen Produktpalette eine weitere hinzugefügt: Sie stellt auch reine ätherische Öle her, die sich bestens für Massagen, als Badewasserzusätze oder als Duftspender eignen, und die sie an Ort und Stelle verkauft.

Die perfekt Deutsch sprechende Éva Eleftheríou gründete bereits in den 1980er Jahren direkt an der Hauptstraße ihren Laden INSIDER TIPP *Der Webstuhl*, mit dem sie vor allem dem Erhalt alten Handwerks auf der Insel dienen wollte. Inzwischen hat die Österreicherin Monika, die schon seit 28 Jahren auf der Insel lebt und mit einem samiotischen Berufsfeuerwehrmann verheiratet ist, das Geschäft übernommen. Éva und Monika unterhalten sich gern mit ihren Kunden, erzählen ihnen vom Leben im Winter und vom Dorfleben allgemein. Die hier angebotenen Produkte, darunter auch schicke Kleider und Naturkosmetika, sind alle ausschließlich griechischer Provenienz.

Neben diesen beiden Topadressen gibt es im Dorf auch andere Läden und drei Töpfereien, die einen Blick lohnen. Wenige Meter oberhalb des *Webstuhls* bietet das moderne *Café Panórama (tgl. ab 9 Uhr | €)* zu prächtiger Aussicht hausgemachte süße Leckereien und kleine Gerichte an. So steht hier z. B. ein Teller mit 15 verschiedenen Gemüsen auf der Karte. Am Ortsrand liegt an der Straße Richtung Mýli die INSIDER TIPP Taverne *To Balcóni (tgl. ab 9 Uhr | €€)*. Wirt Thanássis hat 30 Jahre lang in Berlin als Koch und Gastronom gelebt und führt jetzt mit seiner Frau Patricia das auf jeden Fall aussichtsreichste Restaurant der Insel. Der

Blick auf die Ebene von Iréon und den Flughafen ist ebenso phantastisch wie die Auswahl an kreativ verfeinerten griechischen Gerichten in kleinen oder auch großen Portionen. Unbedingt probieren: das einzigartige, leicht scharfe Rote-Bete-Püree! *14 km von Pythagório*

KOUMÉIKA (124 A–B2) *(🕮 F5)*
Die Bewohner dieses kleinen Dorfs (250 Ew.) widmen sich, wenn sie nicht Rentner sind, vor allem dem Olivenanbau. Schön ist der Brunnen von 1882 am Dorfplatz, der mit sehenswerten Reliefs verziert ist. Diverse Kreuze verkünden demonstrativ, dass Sámos zu jener Zeit eine christliche Insel war, obwohl sie noch zum Osmanischen Reich gehörte.Die drei *kafenía* am Dorfplatz sind sehr ursprünglich. Ein einfaches Essen bekommen Sie auch in der Snackbar *Maribou (tgl. ab 12 Uhr)*. Die meist verschlossene Dorfkirche ist eine dreischifffige Basilika mit Kuppel von 1841. *30 km von Pythagório*

MYKÁLI (123 D5) *(🕮 M5)*
Der kilometerlange Kieselsteinstrand von Mykáli (nicht zu verwechseln mit dem gegenüberliegenden, zur Türkei gehörenden Kap Mykale) wird erst seit den frühen 1990er-Jahren touristisch entwickelt. Die wenigen Hotels wirken noch recht verloren und sind nur Urlaubern zu empfehlen, die auf eine Ortschaft in der Nähe keinen Wert legen. Der kleine Salzsee in ehemaligen Salinen direkt an der Straße nach Psilí Ámmos ist zwischen Oktober und März für Naturfreunde interessant. INSIDER TIPP Dann sind hier meist einige Dutzend Flamingos zu Gast. *10 km von Pythagório*

MÝLI (125 E4) *(🕮 H–J6)*
Mýli liegt am Ufer des Bachs *Imvrásos*, der in jedem Winter das Sumpfland um das Hera-Heiligtum unter Wasser setzt.

Kloster Timíou Stavroú: viel zu sehen in Kirche und Garten

Früher drehten sich hier zahlreiche Wassermühlen, von denen das Dorf seinen Namen bekam (*mýli* heißt Mühlen). Das Bachtal ist ein Biotop mit vielen seltenen Vogelarten, beispielsweise den farbenprächtigen Bienenfressern. Das Dorf ist umgeben von dichten Oliven- und Orangenhainen, in denen auch noch ein Köhler seinem Handwerk nachgeht.
Ein brauner Wegweiser am Parkplatz macht auf ein Grab aus mykenischer

Im Bachtal bei Mýli zu Hause: seltene Vogelarten wie der Bienenfresser

Zeit (ca. 1500–1200 v. Chr.) aufmerksam, das die meisten Einheimischen respektlos als „Kaninchenloch" bezeichnen. Archäologen fanden in der aus dem Fels gehauenen Höhlung von der Größe eines Lehmbackofens vor etwa 40 Jahren die Gebeine eines Ehepaars und dazu Schmuck aus mykenischer Zeit, der sie als wohlhabend auswies.

Sehr viel interessanter und fotogener ist der idyllische kleine Dorfplatz mit seinen drei traditionellen Tavernen. Dort sitzen Sie schön unter den alten Maulbeerbäumen bei preiswertem Essen und einem gutem Wein vom Fass. Ein Taxi zurück nach Pythagório kostet pro Person kaum mehr als in Mitteleuropa eine Bus- oder Straßenbahnfahrkarte. *10 km von Pythagório*

MYTILINIÍ (122 A4) *(🕮 K4)*

Mytilinií (2350 Ew.), in einem fruchtbaren Hochtal gelegen, ist einer der wenigen Orte der Insel ohne Meerblick. Als er 1700 durch Neusiedler von der Insel Lesbos, die die Griechen Mytilíni nennen, gegründet wurde, war das ein großer Vorteil: Man war vor Piratenüberfällen relativ sicher.

Attraktion des Ortes ist das von einer privaten Stiftung unterhaltene *Paläontologische Museum der Ägäis (Natural History Museum of the Aegean | Di–Sa 9–14, So 10–14 Uhr | Eintritt 3 Euro | am Südrand des Dorfes an der Straße Chóra–Mytilinií)*. Bedeutende Objekte in dem modernen Bau sind die Fossilien. Schon 1887 hat man in der Nähe von Mytilinií eine Reihe von Knochen, Gebissen und Schädeln inzwischen längst ausgestorbener Tierarten gefunden. 1963 brachte eine erneute Grabung der Universität Thessaloníki viele weitere Fossilien ans Tageslicht. Sie zeigen, dass vor etwa 6 bis 10 Mio. Jahren auf Sámos, das damals noch keine Insel war, Frühformen von Antilopen und Gazellen, Giraffen, Nashörnern und Flusspferden lebten.

Für Laien unter Umständen noch eindrucksvoller ist die große Mineraliensammlung in einem weiteren Ausstellungsraum. Außer Gesteinen aus aller Welt sehen Sie hier auch die Bodenschätze Griechenlands: Asbest, Kaolin und Gips von Sámos, verschiedene Marmorarten, Eisenpyrit und Aragonite. Von der Vulkaninsel Mílos stammen Perlit und Bentonit, Kaolin, Schwefel und der schwarze Obsidian, den die Menschen der Steinzeit als Material für scharfe Klingen benutzten. In einem dritten Saal werden Ihnen Muscheln, Schnecken, Korallen und präparierte Vögel präsentiert. In dem Untergeschoss des Museums ist außerdem eine kleine volkskundliche Sammlung untergebracht.

Auch am Abend lohnt sich die Fahrt nach Mytilinií. Dann nämlich laufen im ● INSIDER TIPP *Cine Rex (Juni–Sept. jeweils 21 oder 21.30 Uhr | Eintritt 7 Euro | im Ortszentrum | Tel. 22 73 05 12 36)* zumeist amerikanische Filme in Originalsprache unterm Sternenhimmel. Die Zuschauer sitzen an kleinen Tischen in einem folkloristisch gestalteten Ambiente. Am Ende des Kinoabends gibt es für alle Gäste *loukoumádes,* eine Art warme Mini-Berliner mit Sesam, Honig und Puderzucker, auf Kosten des Hauses. Das aktuelle Tagesprogramm hängt in Pythagório und Iréon aus, ist aber auch auf der Facebookseite des Cine Rex zu finden. *9 km von Pythagório*

PAGÓNDAS (125 D4) *(🕮 H6)*

Pagóndas liegt inmitten dichter Olivenhaine. Es gilt als das *ladochóri,* das Öldorf der Insel. Im Winterhalbjahr werden hier in mehreren Betrieben Oliven gepresst. Abends herrscht viel dörfliches Treiben auf der Platía, den Wagen lässt man wegen der engen Straßen besser am Dorfeingang stehen. *15 km von Pythagório*

PÉFKOS BEACH (124 B3) *(🕮 F5–6)*

Wer von Ruhe, etwas Strand und großer Abgeschiedenheit träumt, wohnt am winzigen Péfkos Beach genau richtig. Der lediglich etwa 20 m lange Strand besteht aus Kies, Kieselsteinen und ein wenig Sand, der Einstieg ins Wasser ist sandig. Liegestühle und Sonnenschirme werden hier nicht vermietet, meist sind auch nur einige wenige Griechen zum Baden und Fischen hier. Und deshalb lässt sich der Blick auf den Kérkis und hinüber zur Nachbarinsel Foúrni in aller Ruhe genießen.

Unmittelbar oberhalb des Strands stehen im Kiefernschatten die wenigen Tische und Stühle der INSIDER TIPP *Ouzerí Bella Vista (tgl. ab 10 Uhr | €),* die ihrem Namen alle Ehre macht. Bei der Bestellung in diesem Lokal hält sich der Wirt nicht mit Details auf, sondern fragt nur freundlich: „Fisch oder Fleisch?" Unentschlossene können mit „mixed" antworten. Die servierten *mezédes* sind reichlich und lecker und kosten pauschal nur etwa 10 Euro. Zum Péfkos Beach führt eine 1,5 km lange Straße hinunter, die von der Straße zwischen Kouméika und Skouréika abzweigt. *34 km von Pythagório*

PSILÍ ÁMMOS (OST) (123 E5) *(🕮 N5)*

Der schönste Sandstrand im östlichen Teil von Sámos liegt dem türkischen Kap Mykale unmittelbar gegenüber. In der Meerenge scheint ein Inselchen, auf dem neben dem von Weitem wie eine Kapelle wirkenden Leuchtturm schon die türkische Flagge weht, zum Greifen nah. Sand bedeckt nicht nur den sauberen Strand, auf dem einige Tamarisken Schatten spenden, sondern auch den flach abfallenden Meeresboden. Dadurch ist Psilí Ámmos auch der für Kleinkinder am besten geeignete Strand der Insel. Bei so vielen Vorzügen ist er freilich meist recht voll. Eine Asphaltstraße führt hin, Ausflugsboote bringen von Pythagório, Linienbusse von Vathý Gäste. Autofahrer können einen kostenpflichtigen Parkplatz am Ortseingang nutzen *(1 Euro/Std., max. 3 Euro/Tag)*. Glück hat, wer direkt am Strand eins der wenigen Quartiere erwischt: ein Apartment im Haus *Psilí Ámmos (10 Apts. | Tel. 2273025140 | €)* oder im Haus *Elena (8 Apts. | Tel. 2273023645 | www.elenaapartments.gr | €€). 13 km von Pythagório*

PÝRGOS (124 C2) *(G5)*
Pýrgos (550 Ew.) liegt auf 370 m Höhe ohne Blick aufs Meer inmitten grüner Hügel. Die ersten Siedler kamen im 16. Jh. aus Pýrgos auf dem Peloponnes hierher. An den Dorfgassen stehen noch einige alte, mit Ziegeln gedeckte Häuser mit den typischen Erkern. Pýrgos ist für seinen guten Honig bekannt. Mehrere Imker betreiben an der Straße nach Karlóvassi kleine Verkaufsstände. Die ausgezeichnete Taverne *Koutoúki (tgl. ab 12 Uhr, im Winter nur Fr–So | €€)* liegt im Dorf nahe dem Postamt an der Straße nach Spatharéi. Für einen leckeren Snack zwischendurch sorgt die Bäckerei an der Durchgangsstraße mit täglich frisch gebackenen *píttes*, einer Art gefüllter Blätterteigtaschen. Drin sind Spinat, Ziegenkäse oder Wiener Würstchen – und in moderneren Versionen auch Schinken und Kuhmilchkäse. *18 km von Pythagório*

PÝRGOS SARAKÍNIS/ÁGIOS IOÁNNIS (125 E4) *(J7)*
Aus der Ebene zwischen dem Ferienort Iréon und dem Olivendorf Mýli ragt ein zinnenbekrönter Turm in den Himmel, der bei der Wiederbesiedlung der Insel im 16. Jh. einer der ersten Neubauten war. Er gehörte einem gewissen Nikólaos Sarakínis, der sich als Seeräuber in der osmanischen Flotte verdient gemacht hatte und deswegen mit Ländereien auf der in osmanischer Zeit neu besiedelten Insel belohnt worden war. Weil er kinderlos starb, hinterließ er seine Besitztümer dem Johanneskloster auf seiner Heimatinsel Pátmos, dem sie bis heute gehören. Noch vor 20 Jahren lebte hier ein Mönch, der die Naturalienabgaben der Pächter an das Kloster zu verwalten hatte. Zu Füßen des Turms entstanden auf zwei Seiten eingeschossige Wohntrakte, die von Zypressen, Bruchstücken antiker Säulen, einer alten Olivenpresse und Granatapfelbäumen sehr schön umrahmt werden. Von außen sehenswert ist auch die strahlend weiß gekalkte, innen nahezu schmucklose Doppelkirche aus dem 17. Jh. *1,5 km von Iréon, 11 km von Pythagório*

SAMIOPOÚLA ★ (124 C6) *(G7–8)*
Die winzige Insel vor der Südküste, die zu der Gemeinde Spatharéi gehört, wird nur noch sporadisch von einer Bauern- und Viehzüchterfamilie bewohnt, die an dem kleinen Inselstrand im Sommer auch ein paar Sonnenschirme und Liegestühle vermietet. Ihr Gehöft steht neben

der weithin sichtbaren Inselkirche *Agía Pelagía* (1913) auf einem weitläufig von einer Steinmauer umgebenen Areal, auf dem Getreide angebaut wird und außerdem ein paar Mandel-, Feigen-, Johannisbrot- und Olivenbäume wachsen. Die Mauer dient dazu, Ziegen vom Acker fern zu halten, die ansonsten ganz frei über die Insel schweifen dürfen.
Die Insel ist weitgehend von Macchia und Wachholderbüschen bedeckt. Wasser beziehen die Inselbewohner aus Zisternen, für den Strom sorgt eine moderne Solarenergieanlage. Tagesausflügler kommen im Sommerhalbjahr täglich für ein paar Stunden mit dem Boot von Pythagório herüber, weil die Insel auch einen etwa 70 Schritte langen, feinsandigen Strand bietet. *1 Std. von Pythagório*

TSÓPELAS BEACH ★

(125 D5–6) (*🗺 H7*)

Am Strand von Tsópela kann man vergessen, dass es noch etwas anderes gibt als diesen idyllischen Fleck. Kein Dorf und keine Straße sind in Sicht. Der Kiefernwald reicht bis ans Meer heran, selbst am Strand können Sie noch im Kiefernschatten liegen. Zwei kleine Buchten stehen zur Auswahl, eine mit Kies, die andere mit glatten Felsplatten. Am Kiesstrand haben die Töpfer Anna und Jánnis Stavrianoú ihren Verkaufsstand aufgeschlagen, bemalt Anna Teller, Vasen und andere Gefäße nach historischen Vorbildern. Die beiden leben von Mai bis Oktober in einem Zelt am Strand; im Winter brennen sie ihre Keramik im Bergdorf Pagóndas. Vögel zwitschern, Zikaden zirpen, draußen vor der Küste ist auf dem Inselchen Samiopoúla die Inselkirche zu erkennen. Zum Strand von Tsópela führt von der Inselrundstraße eine 6,8 km lange Piste, die nur ganz Verwegene auch mit dem PKW meistern. Von Pythagório aus gibt es auch täglich Bootsausflüge. Den ● amüsantesten bietet der bärtige Captain Jánnis, der am späten Nachmittag und abends stets vor seinem unübersehbaren Boot am Kai von Pythagório zu finden ist und dort Anmeldungen entgegen nimmt. *27 km von Pythagório*

Wegen seines Sandes kindertauglich – und selten so leer: Strand Psilí Ámmos

VATHÝ UND DER OSTEN

Vathý lernen Sámos-Urlauber meist nur auf einem Tagesausflug kennen. Die wenigen Stadthotels eignen sich aber auch gut für unternehmungslustige Gäste, die von hier aus die ganze Insel mit Linienbussen bestens erkunden können. In Vathý können Sie gut einen ganzen Tag abwechslungsreich verbringen, Archäologisches Museum und Weinmuseum besichtigen, in den Läden das hauptsächlich auf Einheimische ausgerichtete Sortiment studieren, Tavernen an Fußgängergassen und Cafés an der breiten Uferstraße aufsuchen und durch die engen, autofreien Gassen von Áno Vathý bummeln, das noch ganz wie ein großes Dorf aus dem 19. Jh. wirkt. Vom Stadtrand windet sich ein kleines Sträßlein zur fruchtbaren Flammári-Ebene mit ihren zwei alten Klöstern hinauf, an der Bucht von Kervéli steht eins der besten Inselhotels. Von ganz besonderem Reiz ist das kleine Küstendorf Possidónio im äußersten Nordosten: Da sind Sie der Türkei und damit Asien so nahe wie sonst nirgends auf der Insel.

VATHÝ

KARTE IM HINTEREN UMSCHLAG

(122 C2–3) (*L–M3–4*) **Vathý, auch Sámos-Stadt (8250 Ew.) genannt, ist keine aufregende Stadt. An Werktagen herrscht zwar vormittags Betrieb auf der Uferpromenade und in den meist Fußgängern vorbehaltenen Einkaufsgassen, aber in der Mittagszeit**

Bild: Löwendenkmal auf dem Hauptplatz in Vathý

Metropole ohne Hektik. Dank ihres windgeschützten Naturhafens entwickelte sich Vathý zur Inselhauptstadt

taucht der Ort in seine typische Schläfrigkeit zurück.

Am Abend trifft man sich auf der 2014 völlig neu gestalteten Uferpromenade, die vor allem zwischen altem Fähranleger und Hauptplatz von Cafés und Restaurants gesäumt wird.

Vathý erstreckt sich auf einem schmalen Küstenstreifen entlang der östlichen Seite einer tief in die Insel eindringenden Bucht und am Hang eines Hügels, der aus dem breitesten Teil dieser Küstenebene aufsteigt. Das Stadtviertel am Hügel, *Áno Vathý* genannt, ist der historische Ortskern. Unten am Wasser begann man erst im 19. Jh. zu siedeln, als die Piratengefahr endgültig gebannt war und Sámos in der Zeit seiner Autonomie eine wirtschaftliche Blüte erlebte. Damals entstanden an der Bucht auch zahlreiche Lagerhäuser für Exportweine und Zigarettenfabriken. Heute bietet nur noch die Weinkellerei im Ortsteil *Malagári* Arbeitsplätze.

Als Urlaubsort findet man Vathý zwar in den Veranstalterkatalogen – Grund

Planen Sie genug Zeit für einen Spaziergang durch die dörfliche Oberstadt Áno Vathý ein

dafür aber dürfte lediglich sein, dass es hier Hotels gibt. Der einzige Strand im Stadtbereich, der *Gángou-Strand*, ist sehr klein und ständig überfüllt – und die winzigen Strandstreifen vor einigen der Hotels sind nicht mehr als ein Trostpflaster.

SEHENSWERTES

ÁNO VATHÝ ★ (122 C3) (*🕮 M4*)

Die Oberstadt von Vathý hat dörflichen Charakter. An den Gassen stehen traditionelle Häuser mit vorkragenden Obergeschossen und Erkern, Brunnen aus den letzten Jahrhunderten und viele Kirchen. Áno Vathý gibt sich völlig untouristisch; die wenigen *kafenía* und Tavernen sind ganz ursprünglich geblieben. Am besten fahren Sie mit dem Taxi und laufen durch die Gassen zurück zum Hafen. Ohne Erfrischungspausen sollten Sie für diesen Spaziergang mindestens zwei Stunden ansetzen.

Gehen Sie zunächst nach Áno Vathý hinein, passieren Sie die Kirche *Christós*. 40 m weiter stehen Sie auf einem kleinen Platz mit dem urigen kleinen *Kafenío Filarákia* oberhalb der Kirche *Agía Matróna* (um 1850). Nehmen Sie die Gasse an der Westseite der Kirche entlang abwärts, kommen Sie an einem Brunnen von 1872 vorbei und später zu einem kleinen Platz, an dem Sie nun dem Wegweiser mit der Aufschrift „Sámos" folgen. Links liegt die der Panagía geweihte große Hauptkirche von Áno Vathý. Nach rechts führt hier eine Gasse zur Kirche *Agía Kará*, in der ein Fresko mit der Darstellung des Jüngsten Gerichts erhalten ist.

ARCHÄOLOGISCHES MUSEUM ★ (U D3) (*🕮 d3*)

Das archäologische Museum präsentiert seine Sammlungen in einem Alt- und einem Neubau. Einzigartig sind die antiken Objekte aus Holz im Treppenhaus im Obergeschoss des Altbaus. Nirgends

sonst in Griechenland hat man sie in so großer Zahl gefunden wie auf Sámos, weil sie anderswo im Lauf der Jahrhunderte vermoderten, hier durch glückliche Umstände erhalten geblieben sind. Dazu gehören eine Statuette der Göttin Hera (um 640 v. Chr.), eine Mädchenskulptur, Modelle von Schiffen und Reste von Möbeln. Auch die große Sammlung von bronzenen Greifenköpfen, sogenannte *Protome*, die früher den Rand von großen Kesseln zierten, wird im Altbau gezeigt. Außerdem sind dort zahlreiche keramische Gefäße und Scherben, Weihegaben an Hera aus dem östlichen Mittelmeerraum, byzantinische Goldmünzen und die Überreste einer antiken Leier zu sehen.
Eins der wertvollsten Stücke im Neubau des Museums ist das Original der *Geneleos*-Gruppe, die im Heraion, am Fundort, als Kopie aufgestellt wurde. Ursprünglich bestand sie aus sechs Figuren, die wahrscheinlich eine Familie darstellten. Sie ist kunsthistorisch so bedeutend, weil sie einen Charakterzug der archaischen Kunst deutlich macht: Obwohl die Figuren eine Beziehung zueinander haben, kommt diese in der Darstellung nicht zum Ausdruck. Sie wirken wie Einzelstatuen, die nur zufällig zusammenstehen, sind starr und rein repräsentativ. *Di–So 8–15 Uhr | Eintritt 4 Euro, Kombi-Ticket (s. S. 107) 13 Euro | Platía Pythágora*

KIRCHE ÁGIOS SPYRÍDONAS
(U D–E4) *(🕮 d–e4)*
Die größte Kirche der Stadt ist dem Inselheiligen von Korfu, dem hl. Spyridon, geweiht. Zu ihrem Bau 1908 hat man zwar viel Marmor verwendet, aber ein ästhetisches Gebäude wurde nicht geschaffen. In diesem Gotteshaus proklamierte die samiotische Nationalversammlung am 11. November 1912 den Anschluss der Insel an das freie Griechenland. *Vormittags meist geöffnet | am Stadtpark*

LÖWENDENKMAL (U D3) *(🕮 d3)*
Auf dem sich zur Bucht hin öffnenden Hauptplatz steht die eindrucksvolle Monumentalskulptur eines aufgerichteten Löwen. Sie wurde 1930 zur Erinnerung an die Freiheitskämpfer der Zeit zwischen 1821 und 1832 errichtet. *Platía Pythagóra*

RATHAUS (U D3) *(🕮 d3)*
Das aufwendig restaurierte Rathaus war während der Zeit der samiotischen Autonomie zwischen 1832 und 1912 Sitz der Nationalversammlung, dem von der Bevölkerung gewählten Parlament. *Innenbesichtigung nicht möglich | neben dem Archäologischen Museum am Stadtpark*

WEINMUSEUM ● (U B6) *(🕮 b6)*
Im Jahr 2005 eröffnete die Winzergenossenschaft von Sámos in alten, allein schon durch ihre Größe beeindruckenden Lagerhallen ein bisher hauptsächlich aus alten Fässern und historischen Fotos

MARCO POLO HIGHLIGHTS

★ **Áno Vathý**
Die Oberstadt gleicht einem alten Dorf → S. 78

★ **Archäologisches Museum**
Eine der großen Attraktionen des Museums ist die kunsthistorisch bedeutsame *Geneleos*-Gruppe → S. 78

★ **Kloster Agía Zóni**
Wirkt außen wie eine Festung, innen wie ein Paradiesgarten → S. 82

★ **Possidónio**
Am östlichsten Punkt der Insel sind Sie Asien am nächsten → S. 83

Nur die Füße fehlen dem zusammengesetzten Kuros

bestehendes Museum, das weiter ausgebaut werden soll. Weinverkostungen sind jetzt schon möglich. *Mai–Okt. Mo–Fr 8–20, Sa 9–16.30 Uhr | Eintritt 2 Euro | Malagári, an der Uferstraße*

ESSEN & TRINKEN

INSIDER TIPP ÁRTEMIS (U B2) *(📖 b2)*
Die besten Lokale liegen häufig ein wenig versteckt und geben sich unscheinbar. Das trifft auch auf die Taverne Artemis zu, die zu Recht von vielen Einheimischen frequentiert wird und daher auf touristischen Schnickschnack verzichten kann. Fisch und Meeresfrüchte (Seeigelsalat!) sowie traditionelle samiotische Gerichte nach alten Familienrezepten immer frisch von Mutter Ártemis zubereitet sind das Erfolgsrezept. *Tgl. ab 13 Uhr | Odós Themistoklí Sofoúli, wenige Meter hinter dem Zollamt | €€*

GARDEN (U C2) *(📖 c2)*
Diese etwas versteckt gelegene, an der Hauptgasse aber gut ausgeschilderte Gartentaverne ist recht touristisch aufgemacht. Wagenräder und Körbe dienen als Lampen, Brunnenwasser plätschert. Das Essen aber ist urgriechisch. Unter Weinranken werden Ihnen zwischen Gummi- und Granatapfelbäumen leckere Lammfleischgerichte sowie Fisch serviert, ganz besonders lecker ist das Souvláki aus Kalamares. Originell auch der Mixed Grill, serviert auf einer großen Platte, die am Tisch auf einem großen, mit heißem Wasser gefüllten Kupferkessel warm gehalten wird. *Tgl. ab 18 Uhr | Odós Kalomíris | €€*

INSIDER TIPP KOTÓPOULA
(U E4) *(📖 e4)*
Spezialität der traditionsreichen Taverne an der Straße nach Áno Vathý sind gegrillte Hühnchen. Sie bekommen hier aber auch Salate, Gemüse- und Fleischgerichte zu angemessenen Preisen. *Tgl. ab 11 Uhr | Odós Mikális | €€€*

INSIDER TIPP ROOM (U B2) *(📖 b2)*
Das moderne Bistro bietet die typischen *mezédes,* also lauter kleine Leckereien, in Preisgruppen zwischen 2,50 und 6 Euro an, dazu gibt es diverse Weine auch in kleinen Flaschen und sogar eine Sangria mit süßem Sámos-Wein. *Tgl. ab 8 Uhr | im Hotel Sámos nahe dem alten Fähranleger | €*

THE STEPS (U B2) *(b2)*
Das gepflegte Restaurant liegt auf einer Terrasse mit Hafenblick. Die Wirtin ist Zypriotin; deswegen stehen auch zypriotische Spezialitäten wie *seftaliá* (eine Art fettarme, mit Kreuzkümmel gewürzte Hackfleischbratwurst) auf der Karte. Ein kulinarisches Gedicht sind die hier *Chefs Delight* genannten, vegetarischen Kohlrouladen, deren Füllung mit Pinienkernen, Zimt und Rosinen in ganz Griechenland nicht ihresgleichen findet. *Tgl. ab 18 Uhr | Odós Pávlou Koundourióti |* €€€

EINKAUFEN

GIOKARÍNIS (U D4) *(d4)*
In dem modernen, relativ großen Laden werden Ouzo, Brandy und Likör aus der eigenen Destillerie angeboten. INSIDER TIPP Ouzo können Sie sich hier auch vom Fass abfüllen lassen. *Odós Pasháli 4 (am Stadtpark)*

PÍRAN (U C–D2) *(c–d2)*
In diesem Bioladen finden Selbstversorger und Souvenirsuchende Nahrungsmittel und Kosmetika aus organischem Anbau sowie traditionelle lokale Produkte. *Platía Agíou Nikoláou*

TRADITIONAL PRODUCTS
(U D3) *(d3)*
Vor allem für Selbstversorger lohnt ein Einkauf in diesem Laden, der auch Metzgerei ist. Außer verschiedenen regionalen Käsesorten bekommen Sie hier auch den griechischen Reispudding *risógalo* und Joghurt von Schaf oder Kuh zum Mitnehmen ins Urlaubsapartment. *Platía Pythágora*

AM ABEND

Für Disko-Fans ist Vathý kein gutes Pflaster. Allerdings findet sich Gelegenheit zum eher provinziellen Schwofen in den einschlägigen Lokalen an der Barmeile auf halber Strecke zwischen Zollamt und Krankenhaus. Einen romantischen Abend können Sie gut in der Dachgartenbar des *Hotels Aeólis* an der Hafenpromenade nahe dem Fähranleger verbringen. Griechische Musik zum Abendessen gibt's Di und Do in der Taverne *Rakomeládiko (Odós Lyk. Logothéti)*.

ÜBERNACHTEN

IONÍA MARIS (U A1) *(a1)*
Das beste Hotel der Inselhauptstadt wird nur durch eine schmale Straße

KOSTBARES PUZZLE

Das bedeutendste Objekt im Archäologischen Museum ist ein 4,79 m hoher ● Kuros, die Statue eines kräftigen, nackten Jünglings aus der Zeit um 700 v. Chr. Die Skulptur aus fein gemasertem Marmor war ursprünglich zumindest teilweise bemalt und stand als Weihegabe im Hera-Heiligtum. Zunächst wurde von der Skulptur 1973 der linke Oberschenkel gefunden. Noch im gleichen Jahr fand man Bruchstücke eines Arms. Die Teile passten zu einem zweiten Oberschenkel, der bereits seit den 1930er-Jahren in den Magazinen lagerte. 1980 entdeckte man zufällig auch den Leib mit dem besonders schön gemaserten Gesäß – und erst 1984 den Kopf. Nur Füße fand man bisher nicht.

vom Sand-Kieselstein-Strand getrennt. Bis ins Zentrum geht man etwa 1 km. Großer Pool, auch *all inclusive* buchbar. *56 Zi. | Gangou Beach, Kalámi | Tel. 22 73 02 84 28 | www.ioniamaris.gr | €€€*

SÁMOS (U B2) (*📖 b2*)
Das Hotel nahe dem Fähranleger bietet gute Zimmer zu relativ günstigen Preisen. Als Urlaubshotel ist es kaum geeignet, wohl aber für eine Zwischenübernachtung. Auf dem Dach gibt es einen Swimmingpool. *105 Zi. | Leofóros Themístoklis Sofoúli 11 | Tel. 22 73 02 83 77 | www.samoshotel.gr | €€*

AUSKUNFT

GRIECHISCHE ZENTRALE FÜR FREMDENVERKEHR (U C2) (*📖 c2*)
Mo–Fr 8–15 Uhr | Odós Th. Sofoúli 107 | Tel. 22 73 02 85 30
Offizielle Website der Gemeinde ist *www.vathi.gr* (auf Europaflagge klicken, um zur englischsprachigen Version zu gelangen!).

BUSVERBINDUNGEN

Vom zentralen *Busbahnhhof* an der Uferstraße **(U D4) (*📖 d4*)** nahe dem Fischerhafen fahren Linienbusse in alle Inselteile. Genauere Angaben finden Sie bei den jeweiligen Zielorten.

ZIELE IN DER UMGEBUNG

FLAMMARÍ-HOCHEBENE (123 D3) (*📖 M–N3*)
Nur etwa 3 km vom Hafen der Stadt Vathý entfernt umfängt die Besucher der Hochebene ländliche Stille. Man kann auf einem alten byzantinischen, gepflasterten Weg hinaufwandern. Das hinter Zypressen und Eukalyptusbäumen versteckte ★ *Kloster Agía Zóni (tgl. 17–20, Fr–Mi 10–14, Do 10–12 Uhr)* wirkt wie eine Festung und bezaubert durch den üppig grünen Innenhof. In der Klosterkirche aus dem 18. Jh. trägt die Ikonostase auch figürliche Holzschnitzereien.
An einem Berg hoch über der Ebene ist von hier aus schon das Nonnenkloster *Zoodóchos Pigí (Sa–Do 10–13.30 und 18–20 Uhr | striktes Fotografierverbot!)* zu sehen, dessen Kirche 1786 entstand. Auch hier ist vor allem die holzgeschnitzte Ikonostase sehenswert. In jedem Fall empfiehlt es sich für Musikliebhaber, an einem Gottesdienst teilzunehmen, da der ● Gesang der Nonnen zu Recht gerühmt wird.
Wollen Sie nach den Besichtigungen noch baden, können Sie zur Bucht von *Mourtiá* hinunterwandern oder -fahren, wo es einen winzigen Kieselsteinstrand gibt. Einfache Tavernen (€) finden Sie beim Kloster Agía Zóni und im Weiler *Kamára. Rundfahrt ab und bis Vathý insgesamt 23 km*

LOW BUDG€T

Wer in Vathý und Umgebung wohnt, braucht nicht unbedingt die teurere Inselrundfahrt bei seinem Reiseveranstalter zu buchen. Sámos' Linienbusgesellschaft KTEL bietet jeden Tag ganztägige Inselrundfahrten für günstigere 30 Euro an. *Start jeweils um 8.30 Uhr ab Busbahnhof | www.samospublicbusses.gr*

Direkt beim Erzeuger ist der samiotische Ouzo am preiswertesten. Den Laden der Destille *Frantzéskos* in Vathý findet man direkt an der Platía. Und am Museumsplatz bietet *Giokarínis* seine flüssigen Schätze an.

In Possidónio speisen Sie direkt am Wasser, genau gegenüber der Türkei

KERVÉLI (123 E4) *(🕮 N4)*
Eingebettet in grüne Hügel liegt das 100 m lange Kieselsteinband der Kervéli-Bucht direkt der Türkei gegenüber. Große Tamarisken spenden der Hälfte des Strandes angenehmen Schatten. An dem Hang dahinter liegt ganz ruhig inmitten von Olivenbäumen und Zypressen das auch architektonisch ansprechende *Hotel Kervéli Village (63 Zi. | Tel. 22 73 02 30 06 | www.kerveli.gr | €€)* mit Pool und Tennisplatz. *8 km von Vathý*

INSIDER TIPP **KLÍMA** (123 E–F5) *(🕮 O5)*
Klíma liegt buchstäblich am Ende der samiotischen Welt, die Straße hierher ist eine Sackgasse. Die Türkei ist zum Greifen nah, am 300 m langen Kieselsteinstrand stehen auf einer Strandhälfte etwa 60–80 Liegen, der andere Teil ist liegenfrei. Zwei Tavernen und eine Pizzeria sorgen für Ihr leibliches Wohl, wohnen können Sie in den *Studios Klíma Paradise (8 Zi. | Tel. 22 73 08 00 17 | klima-paradise.com | €)* fast direkt am Strand. Besonders schön sind die Morgen- und Abendstunden, wenn die Tagesbesucher das Örtchen wieder verlassen haben. *Zufahrt kurz vor Possidónio ausgeschildert. 20 km von Vathý*

POSSIDÓNIO ★ (123 F4–5) *(🕮 O5)*
Die östlichste Siedlung der Insel ist ein winziger Weiler, zu dem nur im Hochsommer ein Linienbus fährt. Possidónio liegt der türkischen Küste unmittelbar gegenüber. Das offene Meer ist von hier aus nicht zu sehen, man fühlt sich wie an einem großen Binnensee. Der etwa 70 m lange Kiesstrand geht im Wasser in Sand über, am Ufer bieten einige Tamarisken Schatten. Auch bei Einheimischen genießt die ● Taverne *Possidónio (tgl. ab 10 Uhr | €€€)* unmittelbar am Wasser einen guten Ruf. Sie kommen insbesondere zum Fischessen hierher. Lebende Hummer und Langusten sind fast immer vorrätig. *19 km von Vathý*

ERLEBNISTOUREN

1 SÁMOS PERFEKT IM ÜBERBLICK

START: 1 Pythagório
ZIEL: 1 Pythagório

Strecke:
91 km

1 Tag
reine Fahrzeit
3 Stunden

KOSTEN: Für 2 Personen: 125 Euro (inkl. Mietwagen, Benzin, Mahlzeiten ohne Getränke)
MITNEHMEN: Badezeug, feste Schuhe

ACHTUNG: Archäologisches Museum: Mo geschl., **5 Tannery Museum** Sa/So geschl.

Auf dieser Tour gewinnen Sie einen ersten Eindruck von der landschaftlichen Vielfalt und Schönheit der Insel, sehen ihre Städte, das wichtigste Museum, Sie baden und machen eine Kajaktour. Sie essen gut und sammeln inseltypische Souvenirs.

Jeder Zipfel dieser Erde hat seine eigene Schönheit. Wenn Sie Lust haben, die einzigartigen Besonderheiten dieser Region zu entdecken, wenn Sie tolle Tipps für lohnende Stopps, atemberaubende Orte, ausgewählte Restaurants oder typische Aktivitäten bekommen wollen, dann sind diese maßgeschneiderten Erlebnistouren genau das Richtige für Sie. Machen Sie sich auf den Weg und folgen Sie den Spuren der MARCO POLO Autoren – ganz bequem und mit der digitalen Routenführung, die Sie sich über den QR-Code auf S. 2/3 oder die URL in der Fußzeile zu jeder Tour downloaden können.

07:30 Ein Frühstart ist angesagt. **Von 1 Pythagório → S. 54 fahren Sie zur Inselhauptstadt Sámos, auch 2 Vathý → S. 76** genannt. Sobald Sie die letzte niedrige Passhöhe erreicht haben, liegt sie in all ihrer Schönheit vor Ihnen. **Fahren Sie bis zur Uferstraße, wenden Sie sich dort nach rechts und parken Sie auf dem ersten größeren Parkplatz am Meer.** Kurz nach 8 Uhr sind Sie wohl der erste Besucher des Tages im **Archäologischen Museum → S. 78**, Sie sehen dort einen gigantischen, bildschönen, nackten jungen Mann aus fein gemasertem Marmor

1 Pythagório
12 km
2 Vathý
11 km

Bild: Boote im Hafen von Pythagorió

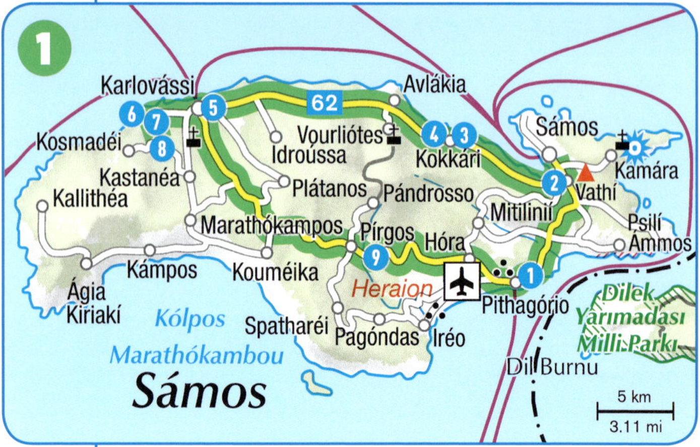

und andere Schätze aus der Antike. **Später bummeln Sie durch die Haupteinkaufsgasse zur Platía Pythágora** mit ihren Straßencafés und kehren dann zum Auto zurück.

❸ Kokkári

2,5 km

❹ Kokkári Windsurf Centre

18,5 km

❺ Tannery Museum

4,5 km

❻ Potámi Beach

10:00 **Es geht weiter nach ❸ Kokkári → S. 43. Dort parken Sie auf dem Großparkplatz 80 m hinter der Kirche, gehen geradeaus bis zum Meer und halten sich dort rechts. Am Wasser entlang kommen Sie zur Promenade**, wo Sie im **Café Cávos → S. 44** ein leckeres zweites Frühstück mit deutschem Filterkaffee genießen. **Nach weiteren Schritten auf der Uferpromenade biegen Sie nach rechts ein und kehren zum Auto zurück.** Sport ist jetzt Trumpf. **Am westlichen Ortsende von Kokkári liegt das ❹ Kokkári Windsurf Centre → S. 45 gut ausgeschildert am westlichen Strandende.** Hier mieten Sie ein Kajak und schauen sich Kokkári vom Wasser aus an.

12:30 **Danach geht es weiter nach Karlóvassi → S. 32. Dort achten Sie an der Uferstraße auf einen Wegweiser nach links zum ❺ Tannery Museum → S. 34.** Das moderne Museum in einer der einst über 50 Gerbereien des Städtchens erreichen Sie rechtzeitig, bevor dort der Arbeitstag der Mitarbeiter früh endet.

14:00 **Anschließend fahren Sie am Ufer entlang weiter, dann am Hafen vorbei bis zum ❻ Potámi Beach → S. 38.** Da ist an der **Hippy's Beach Bar → S. 38** eine Runde Schwimmen angesagt, danach ein leichter

Lunch in relaxter Atmosphäre. Nach dem Essen tut eine kleine Wanderung gut. An der Strandstraße macht ein brauner Wegweiser auf ein byzantinische Kirchlein und die „Waterfalls" aufmerksam. **Folgen Sie ihm,** werfen Sie einen kurzen Blick in die Kapelle 7 **Metamórfosis tou Sotiroú** → S. 38, kraxeln Sie ein wenig und **nach 15–20 Minuten stehen Sie an den einzigen** 8 **Wasserfällen** → S. 38 der Insel. Hier können Sie ein erfrischendes Kurzbad nehmen. **Danach geht es zurück nach Potámi Beach zum Auto und auf der Inselrundstraße Richtung Südküste.**

850 m
7 Metamórfosis tou Sotiroú
700 m
8 Wasserfällen
28 km
9 Koumaradéi
13 km
1 Pythagório

17:00 **Ihr nächster Halt ist das Bergdorf** 9 **Koumaradéi** → S. 70. Shopping ist angesagt. Vor dem Ortsbeginn liegen eine **Töpferei** *(tgl. tagsüber)* und eine **Imkerei** *(tgl. tagsüber)* links an der Straße. **Im Dorf besuchen Sie zunächst linker Hand die Kräuterfabrik Klironomou** → S. 70 und die angeschlossene Manufaktur für ätherische Öle, **und parken dann am Geschäft Webstuhl** → S. 70 auf der rechten Straßenseite. Hier erklären Ihnen die Mitarbeiterinnen gern den Museumswebstuhl und zeigen Ihnen auch ein Album vom winterlichen Leben in Koumaradéi – Schnee inklusive.

19:00 Zum Abendessen wartet **am Dorfrand links an der Straße nach Iréo** die exzellente Taverne **To Balkóni** → S. 70 mit deutsch-griechischem Wirtsehepaar auf Sie. Zum kulinarischen Hochgenuss tritt der optische: Über die Küstenebene und Pytyhagório blicken Sie bis zu den Bergen Kleinasiens hinüber und können mit etwas Glück auch herumkurvende Flugzeuge verfolgen. **Danach fahren Sie zurück nach** 1 **Pythagório**.

2 ANS ENDE DER WELT

START: 1 Karlóvassi
ZIEL: 1 Karlóvassi

1 Tag
reine Fahrzeit 4 Stunden

Strecke: 105 km

KOSTEN: 40 Euro/Pers. inkl. Mietwagen, Benzin, Mittagessen
MITNEHMEN: Badezeug, Taschenlampe oder Smartphone

ACHTUNG: Am besten einen Wagen mit Allradantrieb *(Four Wheel Drive)* mieten!

Der Inselwesten wird vom steil aufragenden Felsmassiv des Kérkis geprägt. Sie fahren an seinen Hängen entlang, bis die Straße endet, besuchen eine traditionelle Bootswerft, hören gute Musik, baden in der Ägäis und kommen sogar bis ans Ende der Welt, wo der Wirt Sie mit seinen Spielchen unterhält.

1 Karlóvassi

18,5 km

2 Höhle des Pythagoras

17 km

09:00 Ihr Ausflug beginnt in 1 **Karlóvassi** → S. 32, an der **Platía von Meséo Karlóvassi**. **Folgen Sie dem Wegweiser Richtung Lékka. So kommen Sie** durch schöne Berglandschaften **ins Städtchen Marathókambos** → S. 37. **Hier zweigt auf der Höhe der Dorfkirche ein schmales, nur anfangs betoniertes Sträßchen nach rechts oben zur „Cave of Pythágoras" ab. Nach 5 km sind Sie am Zwischenziel und parken den Wagen. Ein etwa 10 Minuten langer Fußweg führt eine Felswand hinauf. Sie passieren eine Kapelle und kommen dann zur etwa 80 m langen, unbeleuchteten** 2 **Höhle des Pythagoras**, in der der berühmte Mathematiker der Legende nach Schüler unterrichtet haben soll.

11:30 **Danach geht es im Auto weiter: auf der Piste 3,5 km bis zum Badeort Votsalákia. Hier folgen Sie der Küstenstraße nach rechts. Die Straße windet sich**

Die kleine Kapelle weist den Weg zum Eingang der Höhle des Pythagoras

nun den Hang des Kérkis hinauf. Von der Passhöhe blicken Sie erstmals auf die Westküste hinunter. **Ein Abstecher führt Sie durchs fast menschenleere Dorf Palaiochóri und von dort auf 2300 m langer Piste zum ❸ Kloster Ágios Ioánnis Eleímonas → S. 74. Über einen Pfad können Sie von dort zum 200 m entfernten,** völlig naturbelassenen ❹ INSIDER TIPP **Kieselstrand Eleimonas laufen**, an dem Sie höchstwahrscheinlich ganz allein sein werden und das kühle Wasser genießen können. **Die Hauptstraße führt von der Passhöhe zum alten Dorf Kallithéa.** Mutige nehmen statt der Umgehungsstraße die alte, sehr enge Straße durchs alte, sehr urige Dorf. **Am Dorfausgang zweigt nach links eine Piste zur Küste ab. Sie bringt Sie an die Bucht ❺ Ágios Issídoros → S. 40**, wo noch immer hölzerne Fischer- und Ausflugsboote, sogenannte Kaikis, nach ganz traditioneller Art unter freiem Himmel gebaut werden. **Ab dort steigt die Piste dann wieder die Hänge des Kérkis hi-**

❸ Kloster Ágios Ioánnis Eleímonas

130 m

❹ Kieselstrand Eleimonas

15 km

❺ Ágios Issídoros

4,5 km	
6 Kóstas	
22 km	
7 Kochýli	
9 km	
8 Votsalákia	
18,5 km	
1 Karlóvassi	

nauf und mündet kurz vor dem Dorf Drakéi auf die Hauptstraße, die in Drakéi → S. 40 endet.

13:00 Hungrig? Dann kehren Sie in der Taverne 6 **Kóstas → S. 40** ein, wo Sie hervorragend zu Mittag essen können. **Später geht es über die Hauptstraße zurück an die Südküste. Etwa 1 km hinter Agía Kyriakí zweigt nach rechts eine Straße hinunter nach Limniónas → S. 41 ab. Am Ortsende geht sie in eine zumeist nur einspurige Piste an einem Berghang über**, auf der wohl zumindest die Beifahrer schweißfeuchte Hände bekommen. Lohn der Angst ist die Taverne 7 **Kochýli → S. 41**, die die österreichisch-griechischen Wirtsleute auch als „Das Ende der Welt" bezeichnen. Hier wird Wirt Andréas sicherlich gern ein paar knifflige Spielchen mit Ihnen spielen. Lassen Sie sich überraschen!

17:00 **Anschließend geht es auf schon bekanntem Weg zurück nach 8 Votsalákia → S. 38. Parken Sie an der Old Fashion Beach Bar → S. 39**, um zu baden und sich von Wirt Kóstas Musikwünsche erfüllen zu lassen. **Danach kehren Sie** sicherlich gut gelaunt **nach 1 Karlóvassi zurück – der schnellste Weg ist die Straße über Sourídes.**

3 NACHTIGALLENTAL UND WEINBERGE

START: 1 Ágios Kontantínos
ZIEL: 1 Ágios Kontantínos

1 Tag
reine Gehzeit
5 Stunden

Strecke: **11,5 km**
mittel
Höhenmeter: 750 m

KOSTEN: Mittagessen (10–15 Euro)
MITNEHMEN: feste Schuhe, Sonnenschutz, Wasser

ACHTUNG: Lange Hosen schützen gegen Dornen. Zum Startpunkt in 1 Ágios Kontantínos können Sie von Vathy und Karlóvassi den Linienbus nehmen, der letzte Bus fährt um ca. 17.20 Uhr von Ágios Kontantínos zurück. Sonntags kein Linienbusverkehr!

Diese Wanderung führt Sie durch das urwaldhaft dicht bewachsene Nachtigallental und durch Weinberge hinauf nach Manolátes, dem Kunsthandwerkerdorf der Insel mit seinen guten Tavernen. Am Hang entlang geht es weiter ins sehr stille Dorf Stavrinídes und von dort wieder hinunter ans Meer.

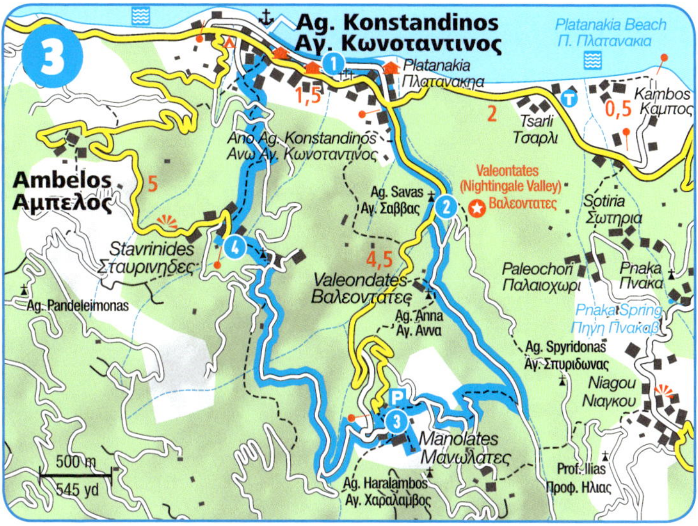

09:00 **Ihre Wanderung beginnt in ❶ Ágios Konstantínos** **→ S. 47**, an der **Bushaltestelle „Valeondádes“ am oberen Ortsrand des Küstenortes. Auf einem schmalen, angenehm schattigen Asphaltsträßchen gelangen Sie an einer ersten Taverne vorbei zur Waldtaverne ❷ Ta Aidónia** *(tgl. ab 9 Uhr | Tel. 22 73 04 74 12 | €)* (deutsch: Die Nachtigallen), wo Sie frühstücken (frische Eier!) oder auch nur einen Kaffee trinken können. Nachtigallen hören Sie hier allerdings nur früh am Morgen. **Dann gehen Sie noch etwa 200 m auf Asphalt weiter und überqueren auf einer Brücke einen Bach. An einem kleinen Haus auf der linken Seite gleich hinter der Brücke sehen Sie das Hinweisschild „Manolátes“. Hier biegen Sie links auf den Pfad, der zunächst entlang eines Bewässerungskanals führt. Es geht steil bergauf an Weinfeldern vorbei, bis Sie nach etwa 10 Minuten auf einen Wirtschaftsweg stoßen. Hier gehen Sie rechts, lassen das pastellfarbene Häuschen mit der Kapelle rechts liegen und folgen dem Weg bis zur betonierten Kreuzung, wo sich ein doppelstöckiges Steinhaus befindet. Wieder biegen Sie rechts ab und folgen der Schotterstraße, die einen großen Bogen beschreibt. Nach etwa 200 m sehen Sie links das Hinweisschild „Manolátes“ und damit den Einstieg in den Pfad, der Sie durch alte Olivenhaine in die Höhe führt. Er endet auf der asphaltierten Zufahrtsstraße, die Sie links hoch**

❶ Ágios Konstantínos

1,5 km

❷ Ta Aidónia

3,5 km

gehen, bis Sie nach etwa 5 Minuten linkerhand auf eine betonierte Straße treffen (Schild „Vourliótes 11 km") und ebendieser bis zu einem doppelstöckigen Steinhaus mit dem Hinweis „Organic Biofarm" folgen. Ist jemand anwesend, lässt man Sie sicher gern frisch geerntete Bioprodukte probieren. **Hinter dem dazu gehörenden Weinberg führt rechts der ausgeschilderte Weg hoch ins Dorf, am Friedhof vorbei, immer bergauf bis zur Kirche.**

3 Manolátes

10:30 **Nach etwa einer Stunde haben Sie Ihr erstes Etappenziel, 3 Manolátes → S. 49, erreicht. Folgen Sie hier der Hauptgasse bergan**, einer dörflichen Shopping-Meile, gespickt mit guten Kunsthandwerkern. Das meiste, was Sie hier erwerben können, ist klein und leicht, passt gut in den Rucksack oder gleich an Hals und Finger. **An der winzigen Platía links der Gasse suchen Sie unbedingt das kleine Geschäft Museum → S. 49 auf,** wo Ihnen eine deutsche Volkskundlerin viel über den Ort erzählen kann. Dort erhalten Sie auch kostenlos eine ganz aktuelle, schlicht per Hand gezeichnete Wanderkarte. Die können Sie gleich gegenüber in der erstklassigen Taverne **AaA → S. 49** studieren – bei einem Kaffee und einem Stück Kuchen oder herzhaften Kleinigkeiten und einem samiotischen Tresterschnaps. Wo der im Oktober gebrannt wird, **sehen Sie in der Taverne Loúkas → S. 50 am obers-**

4 km

Auch Glasvasen können Sie in Manolátes erstehen

ten Dorfrand. Die Gasse dorthin führt auch am alten Dorfbrunnen vorbei.

12:30 **Nun folgen Sie den Wegweisern des Wanderwegs S1 nach 4 Stavrinídes** → S. 50. Dort brauchen Sie sicher ein schmackhaftes Mittagessen. Das wird Ihnen in der einzigen Taverne des Dorfes mit dem schönen Namen Regenbogen, auf griechisch **Irída** → S. 51, serviert. Wenn Sie ein wenig Glück haben, steht heute gerade Kaninchen aus eigener Zucht auf dem Herd.

4 Stavrinídes

3 km

15:00 **Die letzte und bestimmt am besten ausgeschilderte Strecke (Wanderweg S) beginnt in Stavrinídes typisch griechischem** Friedhof mit Kunstblumen und Fotos der Verstorbenen auf den Gräbern **und bringt Sie nach 1 Ágios Konstantínos zurück. Dort können Sie entlang der Hauptstraße wieder in den Linienbus einsteigen.**

1 Ágios Konstantínos

4 KLEINASIEN GANZ NAH

START: 1 Vathý ZIEL: 1 Vathý	1 Tag reine Fahrzeit 1,5 Stunden
Strecke: 45 km	

KOSTEN: 100 Euro/2 Pers. inkl. Mietwagen, Benzin und Mahlzeiten, Ausritt 15 Euro/Person extra
MITNEHMEN: Badezeug, Sonnenschutz, Smartphone

ACHTUNG: Am Vortag zum geführten Ritt auf der 2 Panoúris Ranch anmelden!

Bei dieser entspannten Tour kommen Sie Kleinasien ganz nah. Sie reiten durch samiotische Wälder, besuchen ein blumenreiches Kloster, lesen eine Ballade über einen antiken Tyrannen, entspannen unter alten Tamarisken und schwimmen ansatzweise transkontinental.

09:30 **Der Busbahnhof von 1 Vathý → S. 76 liegt an der Uferstraße. Hier biegen Sie in die stadteinwärts führende Straße Odós Lekáti ab, halten sich an deren Ende rechts, kommen auf einen winzigen Platz und folgen dem Wegweiser nach Vlamári. Sie überqueren die gut ausgebaute Umgehungsstraße der Stadt und kurven bergan auf die grüne Ebene hinauf. Im Dorf Kamára folgen Sie dem Wegweiser zur 2 INSIDER TIPP Panoúris**

1 Vathý

6,5 km

2 Panoúris Ranch

Ranch *(Kamára/Flammári | Tel. 6942704955 | www.horseridingsamos.gr)*, die Sie nach fünf Minuten erreichen. Hier sind die Pferde schon für Sie gesattelt, wenn Sie sich am Vortag für einen geführten Ritt angemeldet haben. Er dauert etwa eine Stunde, ist auch für Anfänger geeignet und führt Sie überwiegend durch schattigen Wald.

4,5 km

11:30 **Zurück im Dorf Kamára biegen Sie nach links auf die Hauptstraße ein und folgen ihr hinauf zum Frauenkloster** **3 Zoodóchos Pigí → S. 82**. Der Blick von hier oben über die grüne Westküste hinüber zur Türkei ist phantastisch. **Nach einem Klosterrundgang fahren Sie wieder nach Kamára hinunter und biegen dort nach links zum Männerkloster** **4 Agía Zóni → S. 82 ab**. Dieser Konvent verwöhnt Sie mit einem üppig blühenden **Garten** im Innenhof. **Weiter geht es in Richtung Südosten. Ein kurzer Abstecher bringt Sie hinunter nach** **5 Kervéli → S. 83**. Am kurzen, sehr schmalen, aber schön schattigen **Kiesstrand** dort können Sie gut baden und anschließend direkt in der Strandtaverne **Harávgi** *(tgl. ab 10 Uhr |*

3 Zoodóchos Pigí

4 km

4 Agía Zóni

6 km

5 Kervéli

Das Ziel Ihrer Tour: der winzige Küstenort Possidónio

Kervéli Beach | Tel. 22 73 08 05 75 | www.taverna-haravgi.com | €) ein leichtes Mittagessen zu sich nehmen. Die Salate sind hier immer knackfrisch.

9,5 km

15:30 **Nun fahren Sie wieder auf die Hauptstraße hinauf und folgen ihr** durch schönstes Grün **nach links bis zum winzigen Küstenort** 6 **Possidónio** → S. 83, der von allen griechischen Inseldörfern Asien am nächsten liegt. Dort ragt Ihnen direkt gegenüber ein 1237 m hoher Berg fast direkt aus dem Wasser. Auf dessen Gipfel erlitt der samiotische Tyrann Polykrates vor über 2500 Jahren den Kreuzestod. Jetzt eine kleine Pause? Unter den alten Tamarisken am schmalen Kiesstrand gleich neben der großen Fischtaverne Possidónio lässt es sich prima chillen. Wenn Sie hier ins Wasser gehen, können Sie ein kleines Stück in Richtung Asien schwimmen, das zum Greifen nah erscheint. Genießen Sie später in der Taverne **Possidónio** → S. 83 unbedingt den hervorragenden Fisch! Lassen Sie den Tag dabei noch mal Revue passieren, nutzen Sie das INSIDER TIPP kostenlose WLAN und lesen Sie auf Ihrem Smartphone nach, wie es zum Tod des Tyrannen kam – einfach „Friedrich Schiller Ring des Polykrates" googeln! Wenn Sie später nach 1 **Vathý** zurückkehren möchten, sind Sie in 20 Minuten dort.

6 Possidónio

13,5 km

1 Vathý

SPORT & WELLNESS

Das organisierte Sportangebot ist auf Sámos recht übersichtlich. Allerdings ist die Insel, auf der Berge und Strände so nah beieinander liegen, prädestiniert für bewegungsfreudige und unternehmungslustige Individualisten, die in der ungewöhnlichen natürlichen Vielfalt Eigeninitiative entwickeln.

Sámos eignet sich ganz hervorragend für ausgedehnte Wanderungen in schöner Umgebung. Und selbstverständlich liefert das Meer reichlich Betätigungsfelder von Schwimmen bis Tauchen.

BIKING

Mit normalen Tourenrädern kommen Sie auf dieser gebirgigen Insel nicht weit. Die sind höchstens für kleinere Touren in der Küstenebene von Pythagório sowie entlang der Küstenstraße zwischen Vathý und Karlóvassi brauchbar. Ansonsten muss es schon ein Mountainbike sein, um sich vernünftig fortzubewegen.

Große Vorsicht ist jedoch angesagt. Viele Straßen hinauf in die Bergdörfer sind extrem schmal und kurvenreich, entspannende Abfahrten sind kaum möglich. Beste Verleihstation an der Südküste ist *Nicos Rentals (Pythagório | Odós Lykoúrgou Logothéti 40 | Tel. 22 73 06 10 94 | www.nicos-rentals.com | ein Zweigbüro am Hauptplatz von Iréon)*, wo es sogar INSIDER TIPP erste E-Bikes zu mieten gibt. An der Nordküste können Sie sich an das *Kokkári Windsurf Center (Kokkári | Long Beach | Tel. 22 73 09 27 44 | www.samoswindsurfing.gr)* wenden, das

Von Biking bis Windsurfen: Das Sportangebot ist ausgesprochen klein, aber es gibt eine ganze Menge reizvolle Wanderwege

ebenfalls Bikes vermietet. Mountainbikes kosten je nach Qualität und Mietdauer ca. 8 bis 30 Euro pro Tag.

SEE-KAJAKS

Mit Einer- oder Zweierkajaks lässt sich die Küste zwischen Pythagório und Iréon sehr gut erkunden. Mietkajaks gibt es bei *Wind and Water (Tel. 69 74 45 74 42 | www.windandwater.nl)* am Strand zwischen Pythagório und dem Hotel *Dóryssa Seaside Resort*.

SEGELN

In der 2007 nach sehr langer Bauzeit neu eröffneten Marina von Pythagório hat der einheimische Yachtvercharterer *Samosail Yachting (Marina Pythagorio | Tel. 22 73 06 17 39 | www.samosail.com)* eine gut organisierte Basis gefunden. Offeriert werden Yachten der Marke Jeanneau, ein 10-m-Motorkreuzer und ein Lagoon-440-Katamaran. Einwöchige Törns von Sámos aus führen meist südlich bis nach Kos, zweiwöchige Törns können bis nach Sými oder gar Rhodos ausgedehnt werden. In der Marina und im Hafen von Pythagório liegen zudem manchmal Yachten, die Urlaubern die Möglichkeit zum Mitsegeln bei einem Tagestörn bieten. Für einen Tagestörn werden meist 50–60 Euro pro Person verlangt.

TAUCHEN

Das Gerätetauchen in der Umgebung von Sámos ist erst seit wenigen Jahren erlaubt, entsprechend jungfräulich sind die Tauchgründe hier noch. Die erste professionelle Tauchstation hat sich in der Marina von Pythagório etabliert. Dort bietet Agamémnon Angelotópoulos ganzjährig mit seinem Unternehmen ● *Aegean Scuba (Tel. 2273061194 | www.aegeanscuba.com)* Tauchkurse aller Art an, darunter auch Schnuppertauchgänge und spezielle Programme für Kinder.

Im alten Hafen von Pythagório liegt das Boot *Náftilos* der Tauchbasis *Samos Diving (Tel. 6972997645 | www.samosdiving.gr).* Täglich werden Ausfahrten für Taucher und Schnorchler unternommen.

WANDERN

Obwohl Sámos schon seit Langem bei Urlaubern als Wanderreiseziel beliebt ist, kümmert sich die Inselverwaltung herzlich wenig um die Wanderer. Wie fast überall in Griechenland fehlen Schutzhütten. Picknickplätze sind selten, Wege häufig noch unvollkommen markiert. Wer sich nicht einer der von den Reiseveranstaltern angebotenen Wanderpauschalreisen anschließen mag, muss recht findig sein und auch des öfteren für ein Taxi tief in die Tasche greifen, um den Startplatz einer schönen Strecke zu erreichen oder von deren Ziel ins Hotel zurückzukommen.

Lediglich in der Region um die Bergdörfer Stavrinídis, Manolátes und Vourliótes herum kümmert sich ein privater Verein um die INSIDER TIPP **Pflege, Markierung und Auszeichnung von Wanderwegen**. *Nightingalewalks* nennt sich die kostenlose Informationsbroschüre dazu, die es unter anderem im Museumsladen in Manolátes (s. S. 49) gibt. Die Broschüre nennt auch GPS-Daten und macht Angaben zu Weglängen und unterschiedlichen Schwierigkeitsgraden.

Breite „Wanderautobahnen" wie man sie aus dem Harz oder dem Schwarzwald kennt, sind auf Sámos eher die Ausnahme. Meistens gehen Sie über alte, gepflasterte Hirten- und Ziegenpfade, die im Frühjahr auch noch stark überwuchert sein können. Eine Kopfbedeckung als Sonnenschutz, lange Hosen (wegen dorniger Sträucher) und festes, rutschsicheres Schuhwerk (wegen Geröll, zu überquerender Bachläufe und gelegentlich davonhuschender Schlangen) sind ebenso dringend nötig wie ein kleiner Wasservorrat.

Einige besonders schöne und zudem leichte Wanderungen führen zum Beispiel durch die Bergwelt von Valeondádes (s. S. 51) über Manolátes und Stavrinídes nach Ágios Konstantínos (s. S. 46) oder immer nahe am Meer entlang vom Potámi Beach bei Karlóvassi zu den Seitáni-Stränden und zurück (s. S. 38).

WASSERSPORT

An den meisten gut besuchten Stränden gibt es von Juni bis September an jährlich wechselnden Abschnitten kleine, private Wassersportstationen, so etwa in Iréon und Pythagório, Karlóvassi und Votsalákia. Die Betreiber wechseln häufig, konkrete Empfehlungen sind nicht zu geben. In der Regel können Sie an diesen Stationen Tretboote und Windsurfboards mieten, manchmal auch Wasserski fahren oder Fun Rides unternehmen, also sich beispielsweise auf einer mehrsitzigen Kunststoffbanane von einem Motorboot übers Wasser ziehen lassen.

WINDSURFEN

Das ★ *Kokkári Windsurf Center (Kokkári | Long Beach | Tel. 22 73 09 21 02 | www.samoswindsurfing.gr)* von Aléxandra und Geórgios Sakantáris am westlichen Ende des langen Hauptstrands von Kokkári ist das beste der ganzen Insel. Das Material besteht aus *Tabou Boards* und *Gaastra Sails*. Der Wind weht hier meist *sideshore* von links ohne *shorebreak*. Das Revier ist ideal für Wave-Slalom-Surfer; nachmittags erreichen die Dünungswellen eine Höhe von bis zu zwei Metern. Eine weitere gute, von Griechen und Niederländern geführte Surfstation ist *Wind and Water (Tel. 69 74 45 74 42 | www.windandwater.nl).* am Strand zwischen Pythagório und dem Hotel Dóryssa Seaside Resort in der Nähe der Grundschule von Pythagório.

Wanderern bieten sich auf der Insel immer wieder wunderbare Aussichten

WELLNESS

Der wenigen Wellnessangebote wegen kommt wohl niemand nach Sámos. Ganz darauf verzichten müssen Fans von Massagen, Spa und Co jedoch nicht: Die Hotels *Proteas Blue (Pythagório, Tel. 22 73 06 22 00 | www.proteasblueresort.gr)*, *Serena Residence* (s. S. 39) und *Doryssa Seaside Resort* (s. S. 63) bieten Spas mit Wellness- und Beautyprogrammen, die auch von Nichthotelgästen genutzt werden können.

MIT KINDERN UNTERWEGS

Sámos ist eine kleine Urlaubsinsel ohne Clubanlagen und Riesenhotels. Der typische Sámos-Gast will kaum organisiertes Vergnügen wie in den Zentren des Massentourismus. Deswegen gibt es auf der Insel auch so gut wie keine speziellen Aktivitätsangebote für Kinder. Griechen schätzen solche Angebote ohnehin nicht. Für sie ist der Urlaub nur dann perfekt, wenn die Familie so viel Zeit wie nur irgend möglich gemeinsam verbringt. So ist es völlig normal, dass Kinder noch um Mitternacht in der Taverne sitzen oder selbst zu später Stunde auf dem Dorfplatz Verstecken und Fußball spielen.

KINDERTELLER

Spezielle Kinderteller werden Sie nur selten auf Sámos finden. Die *Taverne Taurus* in Iréon, die einen Kinderteller mit Currywurst anbietet, stellt eine Ausnahme dar. Aber bei der griechischen Art zu essen, bei der die verschiedensten Gerichte in die Mitte der Tafel gestellt werden und jeder sich von jedem nimmt, ist das ohnehin kein Problem. Zudem servieren alle Lokale Pommes frites und Ketchup. Nudeln sind schnell zubereitet, auch wenn sie nicht auf der Karte stehen. Vielleicht animieren Sie die Kinder ja sogar zum Wettessen: Die kleinen Suvláki-Spießchen, die jedes Grilllokal bietet, sind dafür besonders geeignet. Am Ende zählt jeder Mitkämpfer ganz einfach nur die Holzspießchen, die vom Fleisch befreit neben seinem Teller liegen. Und falls die Kinder sich langweilen, während die Großen noch gemütlich beieinander sitzen: Die üblichen Papiertischdecken dürfen bemalt, bekritzelt und beschrieben werden. In immer mehr Tavernen wird für die kleinen Gäste außer Kindersitzen auch Spielzeug angeboten. Ansonsten können sie es halten wie die Griechen: Lassen Sie die Kleinen von der Leine, die einheimischen Kinder freuen sich über neue Gesellschaft beim Spielen auf der Platía.

MINICLUBS

Eine organisierte Kinderbetreuung in Miniclubs während der Sommerferien bietet auf Sámos lediglich das Hotel *Kampos Village (für 5–12-jährige | 156 Zi. | Tel. 22 73 03 83 56 | www.kamposvillage.gr | €€)* in Votsalákia. Im Hotel *Dóryssa Seaside Resort (310 Zi. und Apts. | Potokáki | Tel. 22 73 08 83 00 | www.doryssa.gr | €€€)* bei Pythagório ist eine stundenweise Kinderbetreuung nach Voranmeldung buchbar. Beide Hotels sind in vielen Reiseveranstalterkatalogen zu finden.

Der Nachwuchs ist immer dabei: Die besten Tipps, wie Kinder und Eltern entspannte Familienferien auf Sámos verbringen

SPIELPLÄTZE

Einfache Spielplätze mit nur selten internationalen Sicherheitsnormen entsprechenden Spielgeräten gibt es in vielen Orten. Meist sind sie völlig schattenlos und deshalb nur nach Sonnenuntergang belebt. Außerdem gibt es auch an manchen Stränden Spielplätze, wie z. B. am Pappás-Strand in Iréon, und in manchen Cafés, wie im *Traffic* in Ágios Konstantínos.

STRANDTAGE

Kinder wird es kaum unterm Sonnenschirm halten. Darum sollten sie unbedingt einen Sonnenhut tragen. Und auf jeden Fall auch Badeschuhe. Die schützen vor dem oft heißen Sand oder Kies – und erleichtern die ersten Schritte ins Meer. Strandburgen zu bauen ist in Hellas zwar unüblich, aber keineswegs verboten.

Der schönste Strand für kleine Kinder ist mit Abstand der INSIDER TIPP *Psilí Ámmos Beach* östlich von Pythagório. Hier fällt das Ufer so flach ab, dass sich auch die Kleinsten gefahrlos von schützenden Händen lösen können.

FÜR KLEINE WEHWEHCHEN

Griechische Ärzte verschreiben häufig schon bei leichten Erkältungen Antibiotika. Wer die seinen Kindern nicht zumuten will, packt besser die üblichen Hausmittel in die Reiseapotheke. Bei größeren Problemen kann man das Krankenhaus in Vathý aufsuchen. Die dort praktizierende Kinderärztin hat in Deutschland studiert und einen ausgezeichneten Ruf.

ZWICKENDE ZUNEIGUNG

Wenn Griechen Kindern ihre Sympathie zeigen wollen, zwicken sie sie leicht in die Wange. Gut zu wissen, damit Sie und Ihre Kinder die griechische Zuneigungsbekundung nicht falsch verstehen. Auch ein angedeutetes Spucken auf Babys und Kleinkinder sollten Sie nicht falsch interpretieren. Es ist gut gemeint und wird Ihren besonders gelungenen Nachwuchs vor dem bösen Blick bewahren.

EVENTS, FESTE & MEHR

Auf Sámos feiert jedes Dorf mindestens einmal im Jahr sein Kirchweihfest. Dabei ist ein Brauch sehr weit verbreitet, den es sonst in Griechenland nur noch gelegentlich gibt. Schon am Vorabend wird in riesigen Kupferkesseln eine Suppe für alle Festbesucher angesetzt. Man nennt sie *jortí*. Sie besteht aus Getreide, Zwiebeln, Öl, Gewürzen, Wasser und außerhalb der Fastenzeit auch aus reichlich Fleisch. Die ganze Nacht über gart die *jortí* auf einem offenen Holzfeuer. Nach dem Festgottesdienst gegen 10 Uhr drängeln sich dann die Menschen mit Kochtöpfen und Plastikschüsseln vor den Suppentöpfen. Musik und Tanz schließen sich an und werden meist am Abend auf dem Dorfplatz fortgesetzt.
Das wichtigste Fest im Jahresverlauf ist Ostern.

FESTE UND FESTIVALS

FEBRUAR/MÄRZ

Rosenmontag: Man picknickt in der Natur und lässt Drachen steigen.
25. März: ***Nationalfeiertag*** zur Erinnerung an die griechische Erhebung gegen die türkische Fremdherrschaft 1821; Kranzniederlegungen und Paraden, bei denen Schulkinder oft Trachten tragen

APRIL/MAI

Karfreitag: Morgens wird in allen Kirchen das symbolische Grab Christi mit Blumen geschmückt. Gegen 21 Uhr Prozessionen in allen Orten
Ostersamstag: Ostermesse ab 23 Uhr, zu der fast alle Samioten gehen. Kurz vor Mitternacht erlöschen in den Kirchen alle Lichter bis auf das ewige Licht. Gegen 24 Uhr verkündet der Priester die Auferstehung Christi. Alle Kirchenbesucher entzünden mitgebrachte Kerzen. Die Jugend veranstaltet ein lautstarkes Feuerwerk.
Ostersonntag: Mittags brät man vor den Häusern Lämmer am Spieß.

JULI

16./17. Juli: ***Kirchweihfest*** in Vourliótes

AUGUST

7.–9. August: INSIDER TIPP ***Rockfestival in Iréon***. Gespielt werden drei Tage lang außer Rock auch Reggae und Elektropop – und was die engagierten Bands sonst noch zu bieten haben. Ein Tagesticket kostet 10 Euro, wer ein ● Ticket für alle drei Tage kauft, zahlt nur den Preis von zwei Tagen. *www.rock-festival-ireon-samos.gr*
Erste Augusthälfte: INSIDER TIPP ***Samos Young Artists Festivals*** im antiken Theater von Pythagório. Das Musikspektrum

Wenn Samioten feiern, gehören traditionelle Musik, Tanz und die Festtagssuppe *jortí* dazu. Höhepunkt ist das Osterfest

reicht vom griechischen Volkslied über Klassik und Romantik bis zum Jazz; Interpreten aus aller Welt. *www.samosfestival.com*
14./15. August: Große ***Kirchweihfeste*** in Néo Karlóvassi, Plátanos, Pýrgos und Vourliótes. An der Kapelle *Panagía* in Mesókambos bei Pythagório am Abend des 14. August ● Kirchweihfest mit vielen Dudelsackspielern und Kochen der Festtagssuppe *jortí*, die nach der Frühmesse am nächsten Morgen verteilt wird.
Mitte August: dreitägiges ● ***Weinfest*** auf der Uferpromenade von Vathý mit kostenlosem Weinausschank

AUGUST BIS MITTE OKTOBER

Summer Exhibition: In einem ehemaligen Hotel in Pythagorio organisiert die Schwarz Foundation eine Ausstellung zeitgenössischer Kunst, meist zu einem inselrelevanten Thema, 2016 die Flüchtlingskrise. Die Künstler aus aller Welt arbeiten mit Fotografie, Malerei, SkulpturVideo, Performance und Installation. *www.schwarzfoundation.com*

SEPTEMBER

13./14. Sept.: ***Kirchweihfest*** und Jahrmarkt am Kloster Timíou Stavroú

FEIERTAGE

1. Jan.	Neujahr
6. Jan.	Epiphanias
19. Feb. 18, 11. März 19, 2. März 20	Rosenmontag
25. März	Nationalfeiertag
6. Apr. 18, 26. Apr. 19, 17. Apr. 20	Karfreitag
8./9. Apr. 18, 28./29. Apr. 19, 19./20. Apr. 20	Ostern
1. Mai	Tag der Arbeit
27./28. Mai 18, 16./17. Juni 19, 7./8. Juni 20	Pfingsten
15. Aug.	Maria Entschlafung
28. Okt.	Nationalfeiertag
25./26. Dez.	Weihnachten

LINKS, BLOGS, APPS & CO.

LINKS & BLOGS

www.marcopolo.de/samos Alles auf einen Blick zu Ihrem Reiseziel: Interaktive Karten inklusive Planungsfunktion, Impressionen aus der Community, aktuelle News und Angebote ...

www.samos.de Liebevoll gestaltete, deutschsprachige Website zur Insel mit etlichen guten Fotos und interessanten Beiträgen auch zu kleinen Sehenswürdigkeiten am Rande

www.samos.gr Offizielle Website der Inselverwaltung, auch mit Infos zu den Nachbarinseln Fourni und Ikaria (auf Englisch)

www.tierhilfe-samos.de Auf der Homepage des Tierschutzvereins der Insel gibt es nicht nur Infos, sondern auch die Möglichkeit, online zu spenden

www.marinetraffic.com Auf dieser Site können Sie jedes gerade an der Insel vorüberfahrende Schiff identifizieren oder aber auch überprüfen, wo denn Ihre Fähre bleibt

www.samoswandern.de Stets aktueller, gebührenpflichtiger Wanderführer zum Ausdrucken oder Downloaden

www.samos-media.blogspot.de Blog des Mainzer Sámos-Liebhabers, Foto- und Videografs Peter Molz. Zahlreiche sehr gute Fotos, Links zu eigenen Videos auf verschiedenen Plattformen, samiotische Musik

www.samos-treff.de Umfangreichstes Sámos-Forum mit jetzt schon über 14 000 Beiträgen und fast 24 000 Mitgliedern in der Community. Gut gegliedert mit speziellen Foren zu einzelnen Urlaubsorten

www.samoschronicles.wordpress.com Auf dieser englischsprachigen Seite bloggen der britische Professor Chris Jones und die seit 2006 auf Samos lebende und hier mit einem Grie-

Egal, ob für Ihre Reisevorbereitung oder vor Ort: Diese Adressen bereichern Ihren Urlaub. Da manche sehr lang sind, führt Sie der short.travel-Code direkt auf die beschriebenen Websites. Falls bei der Eingabe der Codes eine Fehlermeldung erscheint, könnte das an Ihren Einstellungen zum anonymen Surfen liegen

chen verheiratete Algerierin Sofiane Ait Chalalet schon seit 2012 über das Flüchtlingsproblem und die Probleme der Flüchtlinge auf der Insel und erzählen deren Geschichten

short.travel/sam1 Reges deutschsprachiges Sámos-Forum mit fast täglich mehreren neuen Einträgen

www.samosin.gr Ausführliche, von Samioten betriebene Website (englisch) mit einigen Infos und vielen Fotos, darunter auch zu 57 Inselstränden und allen Inseldörfern

twitter.com/samosmagazine Mehrsprachige Sámos-Community auf Twitter, über 250 Follower

VIDEOS & MUSIK

short.travel/sam5 Zwar nur zweieinhalbminütiges, aber sehr informatives englischsprachiges Video über den gesamten Tunnel des Eupalinos

www.e-radio.gr Über 120 griechische Rundfunksender finden Sie hier im Livestream, nach Rubriken und überwiegender Musikfarbe geordnet, englischsprachig

short.travel/sam3 Fast drei Dutzend Videos zu verschiedenen Orten und Themen auf Sámos, von den Wasserfällen bei Potámi bis hin zur Skater-Szene der Insel

APPS

iSlands Inselhopper und Ausflugsfreudige bekommen mit dieser kostenlosen App die Fährpläne direkt auf das Smartphone. Vereinfacht wird die Suche durch vorgegebene Hafennamen auf Englisch und Griechisch

Jourist Weltübersetzer Mit dem auf Touristen zugeschnittenen Übersetzungsprogramm lassen sich schnell merkbare Floskeln für den Urlaub erlernen. Durch witzige Illustrationen werden die vertonten Ausdrücke und hilfreichen Lautschriften zu Themen wie Hotels, Restaurants, Sehenswürdigkeiten oder Sport unterhaltsam begleitet

Greece Travel Englischsprachige App mit Infos über ganz Griechenland und vielen schönen Fotos

PRAKTISCHE HINWEISE

ANREISE

Linienflüge verbinden Sámos mehrmals täglich mit Athen. Direkte Charterflüge verbinden den Inselflughafen Mai–Okt. mit Flughäfen in den deutschsprachigen Ländern. Flughafenbusse fahren Mo–Fr 6-mal, Sa 3-mal tgl. nach Pythagório und Vathý. Von Piräus fährt mehrmals pro Woche eine Autofähre nach Sámos *(Fahrzeit ca. 14 Std. | www.byshiptravel.gr, www.ferries.gr)*.

AUSKUNFT

GRIECHISCHE ZENTRALE FÜR FREMDENVERKEHR

– *Holzgraben 31 | 60313 Frankfurt | Tel. 069 23 65 61 63*

– *Opernring 8 | 1015 Wien | Tel. 01 5 12 53 17 | grect@vienna.at*

– *www.visitgreece.com.de,* deutschsprachige Website der Griechischen Zentrale für Fremdenverkehr

BUSSE

Linienbusse sind die wichtigsten und günstigsten Verkehrsmittel. Die Fahrt von Vathý nach Karlóvassi kostet ca. 5 Euro. Genaue Angaben über Busverbindungen finden Sie bei den Ortsbeschreibungen.

CAMPING

Wildes Zelten ist verboten. Offizielle Campingplätze gibt es nicht.

DIPLOMATISCHE VERTRETUNGEN

Urlauber aus Deutschland ebenso wie Bürger Österreichs und der Schweiz wenden sich in Notfällen an ihre Botschaft in Athen. Deutsche Staatsbürger können sich auch an ihr Honorarkonsulat auf Sámos wenden.

DEUTSCHES HONORARKONSULAT

Platía Pythágora 20 | Vathý | Tel. 22 73 02 52 70 | samos@hk-diplo.de

ÖSTERREICHISCHE BOTSCHAFT

Leofóros Vas. Sofías 4 | Athen | Tel. 21 07 25 72 70 | www.aussenministerium.at/athen

SCHWEIZER BOTSCHAFT

Odós Jassíou 2 | Athen | Tel. 21 07 23 03 64 | www.eda.admin.ch/athens

GRÜN & FAIR REISEN

Auf Reisen können auch Sie viel bewirken. Behalten Sie nicht nur die CO_2-Bilanz für Hin- und Rückreise im Hinterkopf *(www.atmosfair.de; de.myclimate.org)* – etwa indem Sie Ihre Route umweltgerecht planen *(www.routerank.com)* – , sondern achten Sie auch Natur und Kultur im Reiseland *(www.gate-tourismus.de; www.ecotrans.de)*. Gerade als Tourist ist es wichtig, auf Aspekte wie Naturschutz *(www.nabu.de; www.wwf.de)*, regionale Produkte, wenig Autofahren, Wassersparen und vieles mehr zu achten. Wenn Sie mehr über ökologischen Tourismus erfahren wollen: europaweit *www.oete.de*; weltweit *www.germanwatch.org*

Von Anreise bis Zoll

Urlaub von Anfang bis Ende: die wichtigsten Adressen und Informationen für Ihre Sámosreise

DISKOTHEKEN

Die griechischen Diskotheken öffnen meist erst gegen 22 oder 23 Uhr. Das wird auf Sámos genauso gehalten. Eintritt müssen Sie zwar nur selten zahlen, dafür aber sind die Getränke ziemlich teuer (z. B. kostet ein Longdrink etwa sechs bis acht Euro, eine kleine Flasche Bier vier Euro).

EINREISE

Zur Einreise nach Griechenland genügt ein gültiger Personalausweis. Kinder unter 13 Jahren benötigen einen Kinderpass. Diese Dokumente genügen auch für einen Tagesausflug in die Türkei.

EINTRITTSPREISE

Für die wichtigsten Museen und archäologischen Stätten der Insel ist für 13 Euro ein drei Tage lang gültiges Kombiticket erhältlich, mit dem man 3 Euro gegenüber dem Kauf von Einzeltickets spart. Es ist für die Archäologischen Museen in Vathý und Pythagório sowie das Heraion gültig. Generell erhalten Senioren ab 65 Jahren eine etwa 50%-ige Ermäßigung. Jugendliche und Studenten mit internationalem Studentenausweis genießen freien Eintritt.

Zwischen November und März ist der Eintritt sonntags für alle frei. Freier Eintritt wird außerdem an jedem ersten Sonntag im April, Mai und Oktober gewährt, weiterhin an allen gesetzlichen Feiertagen und am 6. März, am letzten Wochenende im September, am Internationalen Tag des Denkmals im April, am Internationalen Museumstag im Mai, am Internationalen Umwelttag im Juni sowie am Welt-Tourismustag im September. Über die aktuellen Eintrittspreise und Öffnungszeiten informiert auf Englisch auch die Website des griechischen Kultusministeriums *odysseus.culture.gr.*

FKK

FKK ist in Griechenland offiziell verboten, wird jedoch an abgelegenen Stränden vielfach praktiziert. Geduldet werden Nackte auch am Strand von Tsamadoú.

FOTOGRAFIEREN

Auch Griechenland fotografiert digital; Möglichkeiten, Fotos zu brennen, haben Sie in den meisten Fotoshops und Internetcafés.

GELD & PREISE

Euro in bar können mit EC-/Maestro- oder auch Kreditkarten aus allen Geldautomaten der Banken gezogen werden. Die heimische Bank erhebt meist 5–6 Euro Gebühr unabhängig von der Höhe der Auszahlung. Schweizer Franken und andere Fremdwährungen tauschen Banken und Postämter in Euro. Öffnungszeiten der Banken: *Mo–Do 8–14 Uhr, Fr 8–13.30 Uhr;* Postämter: *Mo–Fr 7.30–15 Uhr*

Das Preisniveau auf Sámos entspricht in etwa dem deutschen. Übernachtungen und öffentliche Verkehrsmittel sind deutlich preiswerter, Lebensmittel und Benzin dagegen deutlich teurer. Griechische Wirte, Hoteliers und Geschäftsleute haben in den ersten Jahren der Wirtschafts- und Gesellschaftskrise eine erstaunliche Preisdisziplin gezeigt und die vielfältigen Steuererhöhungen und Belastungen kaum an ihre Kunden und Gäste weitergegeben. Wie lange sie diese selbst auferlegten Beschränkungen einhalten können, steht jedoch in den Sternen – kräftige Preissteigerungen in nächster Zeit sind aber sehr unwahrscheinlich.

GESUNDHEIT

Griechische Ärzte sind ebenso gut ausgebildet wie im übrigen Europa, die technische Ausstattung ihrer Praxen und der Inselkrankenhäuser aber hinkt hinterher. Einheimische werden für aufwendige Untersuchungen oder größere Operationen nach Athen geschickt; Urlauber sollten in solchen Fällen besser nach Hause reisen. Die Behandlung in Notfällen ist im Krankenhaus in Vathý und im staatlichen Gesundheitszentrum (ESY) in Néo Karlóvassi kostenlos.

Da zwischen den Ländern Österreich, Deutschland und Griechenland ein Sozialversicherungsabkommen besteht, können Sie sich theoretisch auch bei frei praktizierenden Kassenärzten kostenlos behandeln lassen. Dazu muss die European Health Insurance Card (EHIC) vorgelegt werden.

Griechische Ärzte sind es aber gewohnt, von ihren griechischen Patienten zusätzlich ein Trinkgeld zu bekommen und behandeln Ausländer meist nur widerwillig als Kassenpatienten. Deswegen ist es dringend anzuraten, vor Reisebeginn eine Auslandskrankenversicherung abzuschließen, den Arzt frei zu wählen und bar zu bezahlen und die Rechnungen hinterher bei der Heimatkrankenkasse zur Erstattung einzureichen.

Apotheken gibt es in allen größeren Orten der Insel. Sie sind gut bestückt, führen aber nicht immer Pharmaka deutscher Herkunft.

INTERNET & WLAN

Das Internet ist auf Sámos ebenso schnell und modern wie in Mitteleuropa. Besser als irgendwo sonst auf der Welt sind allerdings die Möglichkeiten, kostenlos über WLAN ins Netz zu kommen. Freies WLAN (hier WiFi – sprich WaiFai – genannt) bieten fast alle Tavernen, Bars und Kaffeehäuser selbst in entlegenen Dörfern. Auch am Flughafen, in Pensionen und Hotels ist das WLAN meist kostenlos – mit Ausnahme einiger ohnehin teurer Unterkünfte.

KLIMA & REISEZEIT

Reisesaison auf Sámos ist von Mai bis Oktober. In der übrigen Zeit sind viele Hotels wie auch die meisten Restaurants außerhalb von Vathý und Karlóvassi geschlossen.

Im Mai kann das Wasser zum Baden noch zu kühl sein, aber dafür blüht es in diesem Monat am üppigsten. Der Mai ist auch der schönste Monat zum Wandern. Im Juli und August steigt das Thermometer oft auf weit über 30 Grad und sinkt auch nachts selten unter 20 Grad. Der Herbst bietet angenehm warme Wassertemperaturen, aber dann ist die Vegetation weitgehend verdorrt. Regen fällt zwischen Juni und September kaum, aber es kann Gewitterschauer geben. Gerade im Hochsommer wehen oft kräftige, manchmal auch kühle Winde.

MIETFAHRZEUGE

Fahrräder, Mopeds, Motorroller, Motorräder und Autos, auch Jeeps, (Renault Twingo ab 30 bis 35 Euro/Tag inkl. Vollkasko) können Sie in allen Urlaubsorten mieten. Fürs Mieten eines Autos oder eines Motorrads über 125 ccm benötigen Sie den nationalen Führerschein der entsprechenden Klasse; der Mieter des Fahrzeugs muss üblicherweise mindestens 21 Jahre alt sein. Auch wenn Sie ein Auto mit Vollkaskoversicherung nehmen, sind Schäden an den Reifen und an der Unterseite des Fahrzeugs nicht versichert. Und wer mit dem Mietwagen den Asphalt verlässt, fährt ohne Versicherungsschutz und muss jeden Schaden selbst bezahlen. Bei jedem auch noch so kleinen Unfall ist die Polizei zu rufen, da die Versicherung sonst nicht zahlt.

Die zulässige Höchstgeschwindigkeit in geschlossenen Ortschaften beträgt für Autos 50 km/h, auf Landstraßen 90 km/h, für Motorräder 40 bzw. 70 km/h. Helmpflicht für Motorradfahrer, Telefonierverbot am Steuer, Anschnallpflicht auf den Vordersitzen. Promillegrenze 0,5.

Tankstellen liegen vor allem entlang der Inselrundstraße. Die letzte Tankmöglichkeit auf dem Weg nach Drakéi im Inselwesten besteht in Órmos Marathokámbou.

NOTRUF

Tel. 112 – Polizei, Feuerwehr, Erste Hilfe, Krankenwagen (landesweit, gebührenfrei, hier wird englisch gesprochen, oft auch deutsch).

POST

Postämter gibt es in allen Städten und größeren Dörfern. Öffnungszeiten *Mo–Fr 7.30–15 Uhr.* Auch Philatelisten finden hier ein gutes Angebot, manche Postämter halten sogar einige gute philatelistische Souvenirs bereit.

RAUCHEN

In allen öffentlichen Verkehrsmitteln und Gebäuden ist das Rauchen ebenso strikt untersagt wie im Flughafen-Terminal, in den Innenräumen von Cafés, Restaurants, Tavernen, Diskotheken und Nachtclubs. Zigaretten werden an den Kiosken verkauft, Automaten gibt es nicht.

SPRACHE

Die Griechen sind sehr stolz auf ihre eigene Schrift, die von keinem anderen Volk der Erde geschrieben wird (die kyrillische Schrift ist von ihr abgeleitet, aber deutlich anders). Für Aufschriften und Ortsschilder wird häufig zusätzlich unsere lateinische Schrift verwendet. Trotzdem ist es im Urlaubsalltag sehr hilfreich, die griechischen Buchstaben zu kennen. Die richtige Betonung ist für das Verstandenwerden äußerst wichtig. Betont wird immer der Vokal, der den Akzent trägt. Alle Vokale werden kurz und offen ausgesprochen.

Vor Ort übliche Schreibweisen sind oft uneinheitlich. So kann es durchaus vorkommen, dass ein und derselbe Ortsname im Ort und in seiner Umgebung in

WAS KOSTET WIE VIEL?

Kaffee	**1,50–2 Euro** *für eine Tasse Mokka*
Souvenir	**8 Euro** *für einen Pythagoras-Becher*
Wein	**2,50–4 Euro** *für ein Glas*
Liege	**4–6 Euro** *pro Tag mit Sonnenschirm*
Benzin	**1,65 Euro** *für einen Liter Super*
Gýros	**2–2,50 Euro** *für eine Portion im Fladenbrot*

drei oder vier verschiedenen Versionen auftaucht. Da ist dann ein wenig Pfadfindergeist gefragt.

STROM

220 Volt Wechselstrom wie bei uns. Unsere Stecker passen meist.

TAXI

Taxis sind zahlreich und preiswert auf Sámos. Sie sind entweder mit Taxametern ausgerüstet oder rechnen zu einem staatlich festgesetzten Kilometerpreis ab. Die 43 km lange Fahrt vom Flughafen nach Karlóvassi kostet z. B. etwa 35 Euro. Geringe Zuschläge dürfen für Fahrten zu und von Flughäfen und Häfen, für Gepäckstücke über 10 kg, für telefonische Bestellung sowie für Fahrten in der Karwoche und der Weihnachtszeit erhoben werden.

TELEFON & HANDY

Griechenland telefoniert mobil. Telefonzellen sind zahlreich, aber mangels Wartung fast immer außer Betrieb. Darum lohnt der Kauf einer OTE-Telefonkarte fürs *statheró,* das Festnetz, erst dann, wenn man eine funktionierende Telefonzelle entdeckt hat. Griechische SIM-Karten kosten etwa 5 Euro und sind in den Stores von Vodafone, Cosmote und WIND gegen Vorlage des Personalausweises erhältlich. Die dazugehörige Telefonnummer wird dann umgehend freigeschaltet. Besonders preiswert telefoniert man vom Handy über Apps wie *truphone.*

WETTER IN SÁMOS

	Jan.	Feb.	März	April	Mai	Juni	Juli	Aug.	Sept.	Okt.	Nov.	Dez.
Tagestemperaturen in °C	14	15	16	19	23	28	29	29	26	22	19	16
Nachttemperaturen in °C	9	9	9	13	16	20	22	22	20	17	14	11
Sonnenschein Stunden/Tag	4	5	6	8	10	12	12	11	10	8	6	4
Niederschlag Tage/Monat	14	9	8	5	4	1	0	0	1	4	7	12
Wassertemperaturen in °C	16	15	15	16	18	21	22	23	22	21	19	17

 Sonnenschein Stunden/Tag Niederschlag Tage/Monat Wassertemperaturen in °C

Vorwahlen:
Griechenland: 0030
Deutschland: 0049
Österreich: 0043
Schweiz: 0041
Für Griechenland muss anschließend die vollständige Rufnummer gewählt werden, für die anderen Länder die Vorwahl der gewünschten Stadt ohne die Anfangsnull.

TOILETTEN

Außer in sehr guten Hotels und Restaurants darf benutztes Toilettenpapier nirgends in Klobecken, sondern wegen Verstopfungsgefahr nur in dafür bereitstehende Eimer oder Papierkörbe geworfen werden.

TRINKGELD

In Restaurants und Tavernen lässt sich der Gast den Wechselbetrag zunächst ausbezahlen und legt dann das Trinkgeld beim Gehen einfach auf den Tisch. Trinkgelder unter einem halben Euro gelten übrigens als Beleidigung.

ZEIT

In Griechenland ist es ganzjährig eine Stunde später als bei uns.

ZEITUNGEN

Ausländische Illustrierte und Tageszeitungen können Sie auf Sámos zumeist in großer Auswahl mit höchstens einem Tag Verspätung kaufen. Im Land selbst erscheint jeweils mittwochs die deutschsprachige *Griechenland-Zeitung (www.griechenland.net).*
Täglich gut informiert über das aktuelle Geschehen in Griechenland ist, wer die englischsprachige Ausgabe der Tageszeitung *Kathimeriní* im Internet liest *(www.ekathimerini.com).*

ZOLL

Waren zum persönlichen Gebrauch können von EU-Bürgern zollfrei ein- und ausgeführt werden. Für Zigaretten gilt ein Limit von 800 Stück pro Person über 16 Jahre.

Noch vereinzelt anzutreffen: Arbeitstiere

Für Schweizer Staatsbürger gelten weiterhin geringere Obergrenzen: beispielsweise 250 Zigaretten bzw. 250 g Tabak, 1 l Spirituosen oder 5 l Wein.
Von Ausflügen in die Türkei dürfen Reisende ab 16 Jahren mitbringen: 40 Zigaretten oder 50 g Tabak, 1 l alkoholische Getränke ab 22 Prozent oder 2 l unter 22 Prozent, außerdem Waren für den eigenen Gebrauch im Wert bis zu 430 Euro (Kinder unter 15 Jahren bis 150 Euro).

SPRACHFÜHRER GRIECHISCH

AUSSPRACHE

Zur Erleichterung der Aussprache sind alle griechischen Wörter mit einer einfachen Aussprache (in der mittleren Spalte) versehen. Folgende Zeichen sind Sonderzeichen:

' die nachfolgende Silbe wird betont
ð wie englisches „th" in „the", mit der Zungenspitze hinter den Zähnen
θ wie englisches „th" in „think", mit der Zungenspitze zwischen den Zähnen

Α	α	a	Η	η	i	Ν	ν	n	Τ	τ	t
Β	β	v, w	Θ	θ	th	Ξ	ξ	ks, x	Υ	υ	i, y
Γ	γ	g, i	Ι	ι	i, j	Ο	ο	o	Φ	φ	f
Δ	δ	d	Κ	κ	k	Π	π	p	Χ	χ	ch
Ε	ε	e	Λ	λ	l	Ρ	ρ	r	Ψ	ψ	ps
Ζ	ζ	s, z	Μ	μ	m	Σ	σ, ς	s, ss	Ω	ώ	o

AUF EINEN BLICK

ja/nein/vielleicht	nä/'ochi/'issos	ναι/ όχι/ίσως
bitte/danke	paraka'lo/äfcharis'to	παρακαλώ/ευχαριστώ
Entschuldige!	sig'nomi	Συγνώμη!
Entschuldigen Sie!	mä sig'chorite	Με συγχωρείτε!
Darf ich ...?	Äpi'träppäte ...?	Επιτρέπεται ...?
Wie bitte?	O'riste?	Ορίστε?
Ich möchte .../	'Thälo .../	Θέλω .../
Haben Sie ...?	'Ächäte ...?	Έχετε ...?
Wie viel kostet ...?	'Posso 'kani ...?	Πόσο κάνει ...?
Das gefällt mir (nicht).	Af'to (dhän) mu a'rässi.	Αυτό (δεν) μου αρέσει.
gut/schlecht	ka'llo/kak'ko	καλό/κακό
zu viel/viel/wenig	'para pol'li/pol'li/'ligo	πάρα πολύ/πολύ/λίγο
alles/nichts	ólla/'tipottal	όλα/τίποτα
Hilfe!/Achtung!/ Vorsicht!	Wo'ithia!/Prosso'chi!/ Prosso'chi!	Βοήθεια!/Προσοχή!/ Προσοχή!
Krankenwagen	asthäno'forro	Ασθενοφόρο
Polizei/ Feuerwehr	astino'mia/ pirosvästi'ki	Αστυνομία/ Πυροσβεστική
Verbot/ verboten	apa'goräfsi/ apago'räwäte	Απαγόρευση/ απαγορέυεται
Gefahr/gefährlich	'kindinoss/äpi'kindinoss	Κίνδυνος/επικίνδυνος

Milás elliniká?

„Sprichst du Griechisch?" Dieser Sprachführer hilft Ihnen, die wichtigsten Wörter und Sätze auf Griechisch zu sagen

BEGRÜSSUNG & ABSCHIED

Gute(n) Morgen/Tag!/ Abend!/Nacht!	Kalli'mära/Kalli'mära!/ Kalli'spära!/Kalli'nichta!	Καλημέρα/Καλημέρα!/ Καλησπέρα!/Καληνύχτα!
Hallo!/Auf Wiedersehen!/ Tschüss!	'Ja (su/sass)!/A'dio!/ Ja (su/sass)!	Γεία (σου/σας)!/Αντίο!/ Γεία (σου/σας)!
Ich heiße ...	Mä 'läne ...	Με λένε …
Wie heißen Sie?	Poss sass 'läne?	Πως σας λένε?

DATUMS- & ZEITANGABEN

Montag/Dienstag	dhäf'tära/'triti	Δευτέρα/Τρίτη
Mittwoch/Donnerstag	tät'tarti/'pämpti	Τετάρτη/Πέμπτη
Freitag/Samstag	paraskä'wi/'sawatto	Παρασκευή/Σάββατο
Sonntag/Werktag	kiria'ki/er'gassimi	Κυριακή/Εργάσιμη
heute/morgen/gestern	'simära/'awrio/chtess	Σήμερα/Αύριο/Χτες
Wie viel Uhr ist es?	Ti 'ora 'ine?	Τι ώρα είναι?

UNTERWEGS

offen/geschlossen	annik'ta/klis'to	ανοικτό/κλειστό
Eingang/ Einfahrt	'issodhos/ 'issodhos ochi'matonn	Έισοδος/ Έισοδος οχημάτων
Ausgang/ Ausfahrt	'eksodhos/ 'eksodos ochi'matonn	Έξοδος/ Έξοδος οχημάτων
Abfahrt/ Abflug/Ankunft	anna'chorissi/ anna'chorissi/'afiksi	Αναχώρηση/ Αναχώρηση/Άφιξη
Toiletten/Damen/ Herren	tual'lättes/ginä'konn/ an'dronn	Τουαλέτες/Γυναικών/ Ανδρών
(kein) Trinkwasser	'possimo nä'ro	Πόσιμο νερό
Wo ist ...? / Wo sind ...?	pu 'ine ...?/pu 'ine ...?	Πού είναι/Πού είναι …?
Bus/Taxi	leofo'rio/tak'si	Λεωφορείο/Ταξί
Stadtplan/ (Land-)Karte	'chartis tis 'pollis/ 'chartis	Χάρτης της πόλης/ Χάρτης
Hafen	li'mani	Λιμάνι
Flughafen	a-ero'drommio	Αεροδρόμιο
Fahrplan/Fahrschein	drommo'logio/issi'tirio	Δρομολόγιο/Εισιτήριο
Ich möchte ... mieten.	'thälo na nik'jasso ...	Θέλω να νοικιάσω …
ein Auto/ein Fahrrad/ ein Boot	'änna afto'kinito/'änna po'dhilato/'mia 'warka	ένα αυτοκίνητο/ένα ποδήλατο/μία βάρκα
Tankstelle	wänzi'nadiko	Βενζινάδικο
Benzin/Diesel	wän'zini/'diesel	Βενζίνη/Ντίζελ

ESSEN & TRINKEN

Reservieren Sie uns bitte für heute Abend einen Tisch für vier Personen.	Klis'te mass parakal'lo 'änna tra'pezi ja a'popse ja 'tässera 'atoma.	Κλείστε μας παρακαλώ ένα τραπέζι γιά απόψε γιά τέσσερα άτομα.
Die Speisekarte, bitte.	Tonn ka'taloggo parakal'lo.	Τον κατάλογο παρακαλώ.
Könnte ich bitte ... haben?	Tha 'ithälla na 'ächo ...?	Θα ήθελα να έχο ...?
mit/ohne Eis/ Kohlensäure	mä/cho'ris 'pago/ anthrakik'ko	με/χωρίς πάγο/ ανθρακικό
Vegetarier/Allergie	chorto'fagos/allerg'ia	Χορτοφάγος/Αλλεργία
Ich möchte zahlen, bitte.	'Thäl'lo na pli'rosso parakal'lo.	Θέλω να πληρώσω παρακαλώ.

EINKAUFEN

Wo finde ich ...?	Pu tha wro ...?	Που θα βρω ...?
Apotheke/Drogerie	farma'kio/ka'tastima	Φαρμακείο/Κατάστημα καλλυντικών
Bäckerei/Markt	'furnos/ago'ra	Φούρνος/Αγορά
Lebensmittelgeschäft	pandopo'lio	Παντοπωλείο
Kiosk	pä'riptero	Περίπτερο
teuer/billig/Preis	akri'wos/fti'nos/ti'mi	ακριβός/φτηνός/Τιμή
mehr/weniger	pjo/li'gotäre	πιό/λιγότερο

ÜBERNACHTEN

Ich habe ein Zimmer reserviert.	'Kratissa 'änna do'matjo.	Κράτησα ένα δωμάτιο.
Haben Sie noch ...?	'Ächäte a'komma ...?	Έχετε ακόμα ...?
Einzelzimmer	mon'noklino	Μονόκλινο
Doppelzimmer	'diklino	Δίκλινο
Schlüssel	kli'dhi	Κλειδί
Zimmerkarte	iläktronni'ko kli'dhi	Ηλεκτρονικό κλειδί

GESUNDHEIT

Arzt/Zahnarzt/ Kinderarzt	ja'tros/odhondoja'tros/ pä'dhiatros	Ιατρός/Οδοντογιατρός/ Παιδίατρος
Krankenhaus/ Notfallpraxis	nossoko'mio/ jatri'ko 'käntro	Νοσοκομείο/ Ιατρικό κέντρο
Fieber/Schmerz	pirät'tos/'ponnos	Πυρετός/Πόνος
Durchfall/Übelkeit	dhi'arria/ana'gula	Διάρροια/Αναγούλα
Sonnenbrand	ilia'ko 'engawma	Ηλιακό έγκαυμα
entzündet/verletzt	molli'männo/pligo'männo	μολυμένο/πληγωμένο
Schmerzmittel/Tablette	paf'siponna/'chapi	Παυσίπονο/Χάπι

TELEKOMMUNIKATION & MEDIEN

Briefmarke/Brief	gramma'tossimo/'gramma	Γραμματόσημο/Γράμμα
Postkarte	kartpos'tall	Καρτ-ποστάλ
Ich brauche eine Telefonkarte fürs Festnetz.	Kri'azomme 'mia tile'karta ja dhi'mossio tilefoni'ko 'thalamo.	Χρειάζομαι μία τηλεκάρτα για δημόσιο τηλεφωνικό θάλαμο.
Ich suche eine Prepaidkarte für mein Handy.	Tha 'ithälla 'mia 'karta ja to kinni'to mu.	Θα ήθελα μία κάρτα για το κινητό μου.
Wo finde ich einen Internetzugang?	Pu bor'ro na wro 'proswassi sto índernett?	Που μπορώ να βρω πρόσβαση στο ίντερνετ?
Steckdose/Adapter/ Ladegerät	'briza/an'dapporras/ fortis'tis	πρίζα/αντάπτορας/ φορτιστής
Computer/Batterie/ Akku	ippologis'tis/batta'ria/ äppanaforti'zomänni batta'ria	Υπολογιστής/μπαταρία/ επαναφορτιζόμενη μπαταρία
Internetanschluss/ WLAN	'sindhässi sä as'sirmato 'dhitio/waifai	Σύνδεση σε ασύρματο δίκτυο/WiFi

FREIZEIT, SPORT & STRAND

Strand	para'lia	Παραλία
Sonnenschirm/Liegestuhl	om'brälla/ksap'plostra	Ομπρέλα/Ξαπλώστρα

ZAHLEN

0	mi'dhän	μηδέν
1	'änna	ένα
2	'dhio	δύο
3	'tria	τρία
4	'tässara	τέσσερα
5	'pände	πέντε
6	'äksi	έξι
7	äf'ta	εφτά
8	och'to	οχτώ
9	ä'näa	εννέα
10	'dhäkka	δέκα
11	'ändhäkka	ένδεκα
12	'dodhäkka	δώδεκα
20	'ikossi	είκοσι
50	pän'inda	πενήντα
100	äka'to	εκατό
200	dhia'kossja	διακόσια
1000	'chilia	χίλια
10000	'dhäkka chil'jades	δέκα χιλιάδες

REISEATLAS

Verlauf der Erlebnistour „Perfekt im Überblick"
Verlauf der Erlebnistouren

Der Gesamtverlauf aller Touren ist auch in der herausnehmbaren Faltkarte eingetragen

 Bild: Lemonákia-Strand bei Kokkári

Unterwegs auf Sámos

Die Seiteneinteilung für den Reiseatlas finden Sie auf dem hinteren Umschlag dieses Reiseführers

A
B
C
1
2
3
4
5
6
1 km
0.62 mi
AIGAION PELAGOS
ΑΙΓΑΙΟΝ ΠΕΛΑΓΟΣ
Agios Kirykos, Evdilos
Kalimnos
Fourni
Órmos Mikró Seitáni
Órmos Megálo Seitáni
Akr. Seitáni
Akr. Karávi
249
Drakéi
Δρακαίοι
Ormos Agiou Isidorou
Όρμος Αγίου Ισιδώρου
Órmos Agiou Isidórou
Ágios Issidoros
Αγιος Ισιδωρος
Akr. Valsámo
Panagia
Σπήλαι
Ágios Dimitrios
Oros Kerkis
Όρος Κερκης
Zastano
1206
Ζάσταυο
Akr. Christéli
Kallithéa
Καλλιθέα
1075
Spiliá Pytha
Σπηλιά του Πυθα
Vigla
1443
Βιγλα
Profitis Ilias
Moni Evangelístrias
Μονη Ευαγγελιστριας
271
Pláka
Πλακα
Órmos Pláka
Agia Kitiakí
Αγία Κυριακή
Órmos Psilí Ammo
290
Limnionas
Λιμνιώνας
Órmos Limniónas
Akr. Manoláki
Paliochóri
Παλαιοχώρι
Chondrós Kávos
329
Moní Agíou Ioánnou
Μονι Αγιου Ιωάννυ
Katérgo
93
Akr. Makriá Pоúnda
Akr. Patniótes
Akr. Ágios Doménikos

D
E
F
Chios
Sámos
Agios Ilias
Άγιος Ηλιας
62
Kávos Schomós
Limáni
Meséo Karlóvassi
Μεσαιο Καρλόβασι
Vrýsses
Βρύσες
Potámi
Ποτάμι
Ágios Nikólaos
Palió Karlóvassi
Παλαιο Καρλόβασι
Neo Karlóvassi
Νεο Καρλόβασι
morfosis Sotiros
Potámi
520
Agios Panteleimonas
Άγιος Παντελεήμονας
Moni Profítis Illías
Μονη Προφιτις Ηλιας
Lékka
Λέκκα
Kontaiika
Κονταίικα
Sourides
Σουρήδες
Kastania
Καστανιά
Sakkouléika
Σακκουλαίικα
Ágii Theódori
Άγιοι Θεόδωροι
892
Sevastéika
Σεβασταίικα
Óros Fterías
722
Ορος Φτεριας
572
Marathókambos
Μαραθόκαμπος
Moní Agíou Georgíou
Μονη Αγιου Γεωργιου
Votsalákia
Kampos Marathókambou
Κάμπος Μαραθόκαμπου
Órmos Marathókambou
Όρμος Μαραθόκαμπου
ryssí Ámmos
Órmos Kouméika
Όρμος Κουμαίικων
Kólpos Marathókambou
Κολπος Μαραθοκαμπου
1
2
3
4
5
6

A
B
C
1
2
3
4
5
6
AIGAIO
ΑΙΓΑΙΟ
Agios Nikólaos
Άγιος Νικόλαος
Petalídes
Πεταλίδες
Lourad
Agios Dimitrios
Άγιος Δημήτριος
Ágios Ilías
Άγιος Ηλίας
62
31
Ámbelos
Άμπελος
Kondakéika
Κοντακαίικα
Vrýsses
Βρύσες
Mining cave of Ambelos
Chatzistamoulides
Χατζησταμουληδες
879
769
Ydroússa
Υδρούσσα
Zóvrachia
1039
Ζωβραχια
Moni Profítis Ilías
Μονη Προφιτις Ηλιας
Áspros Bráchos Dendria
(Ampélou-Manolátou
783
Óro
Ámbel
1052
Kontaiika
Κονταίικα
923
1026
Ágii Theódori
Άγιοι Θεόδωροι
917
Plátanos
Πλάτανος
673
Chamouli-Giaxi
(Platanou-Neochoriou-Koumaiikon)
Χαμούλι-Γιαξί
(Πλατάνου-Νεοχωρίου-Κουμαίικων)
572
12
Kouméika
Κουμαίικα
Neochóri
Νεοχώρι
Órmos Kouméika
Όρμος Κουμαίικων
Bálos
Pefkos
Skouréika
Σκουραίικα
124

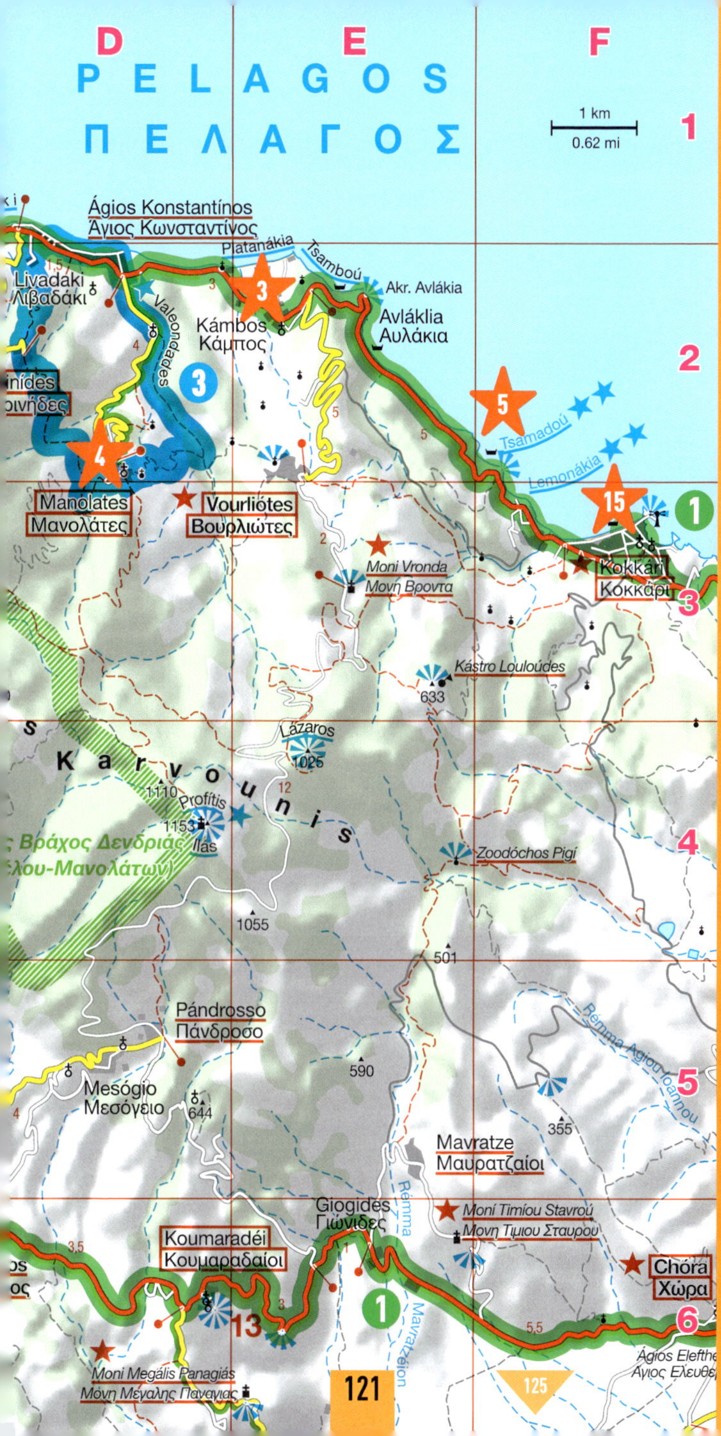

D
E
F
PELAGOS
ΠΕΛΑΓΟΣ
1 km
0.62 mi
1
Ágios Konstantínos
Άγιος Κωνσταντίνος
Platanákia
Tsambού
Akr. Avlákia
Avláklia
Αυλάκια
Livadaki
Λιβαδάκι
Valeondades
Kámbos
Κάμπος
2
Manolates
Μανολάτες
Vourliótes
Βουρλιώτες
Tsamadoú
Lemonákia
Moni Vronda
Μονη Βροντα
Kokkári
Κοκκάρι
3
Kástro Louloúdes
633
Lázaros
1025
Karvounis
1110
Profítis
1153
Ilías
Βράχος Δενδριάς
4
Zoodóchos Pigí
1055
501
Pándrosso
Πάνδροσο
Mesógio
Μεσόγειο
644
590
Remma Agiou Ioannou
5
355
Mavratze
Μαυρατζαίοι
Giogides
Γιώνιδες
Rémma
Moní Timíou Stavroú
Μονη Τιμιου Σταυρου
Koumaradéi
Κουμαραδαίοι
Chóra
Χώρα
6
13
Mavratzéion
Moni Megális Panagiás
Μονη Μεγαλης Παναγιας
Ágios Elefthe
Άγιος Ελευθε
125

A
B
C
1
2
3
4
5
6
Chios, Ag. Kirykos, Fourni,
Kalimnos, Karlóvassi
Kuşadası
Prasoníssi
Πρασονησι
Akr. Níss
Ágios Nikólaos
Αγιος Νικολαος
Moní Panagías Kótsikas
Μονη Παναγιας Κωτσικας
Órmos
Asprochórti
Akr. Kótsikas
244
Kokkári
Κοκκάρι
15
Kédro
Κέδρο
Kólpos Vatheós
Κολπος Βαθεως
62
Kamára
Kalámi
Καλαμι
Agia Markéla
Αγια Μαρκελα
Gángou
Flóka
Φλόκα
13
Archeologiko Mousio
Malagári
Μαλαγαρη
381
Ágios Ioánnis
Αγιος Ιωαννης
384
Zervoú
Ζερβού
Mytilínii
Μυτιληνιοί
Rémma Mytilinión
Agiou Ioánnou
Platano
Πλάταν
9
Mesókambo
Μεσόκαμπο
Chóra
Χώρα
Ágios Ioánnis
Aijades ancient limestone mines
Moní Agía Triádes
Μονη Αγια Τριαδας
271
Ágios Elefthérios
Αγιος Ελευθεριος
Nea Poli
Νέα Πόλη
Spilianí
Σπηλιανή
Kástro
239
Moní Spilianís
Μονη Σπηλιανης
Efpalínio
Ευπαλινιο
Akr. P
Karpovoulos
Καρπόβουλος
Akr. Foniás
SMI
Potokáki
Ποτοκάκι
Pythagório
Πυθαγόρειο
Skala, Agathonisi

D
E
F
1
2
3
4
5
6
1 km
0.62 mi
trόngilo
ρογγυλο
Makronissi
Μακρονησι
Órmos Mikrí Ammos
Ορμος Μικρη Αμμος
Agia Paraskevi
Αγία Παρασκευή
Akr. Prásso
Galazio
Γαλαζιο
328
Moni Zoodóchou Pigis
Μονη Ζωοδόχου Πηγης
432
Theios
433
Θισιο
Kamára
Καμάρα
Mourtiá
Μουρτια
Flammari
Órmos Megális Lákkas
Ορμος Μεγαλις Λακας
14
Agia Zóni
Αγία Ζώνη
Vathý
Βαθύ
Agia Zóni
Αγία Ζώνη
Agia Triada
Αγία Τριάδα
375
Lákka
Kasoníssi
Κασονησι
24
Paliókastro
Παλαιόκαστρο
Varella
Βαρέλλα
Drosia
Δροσιά
Órmos Kervelis
Kervélis
Κερβελης
Akr. Gátos
Mavrosikiá
381
Μαυροσυκια
279
Akr. Roússou
Akr. Sideras
Siderás
Argyroú Psilé Ammos
Démou Batheos
Αργυρού, Ψιλή Άμμος
Δήμου Βαθέος
Klima
Κλήμα
Possidónio
Ποσειδώνιο
Psilí Ámmos
Ψιλή Άμμος
Moulabraim
Akr. Katsoúni
Mykali
Μυκάλη
Órmos Psilí Ámmos
Órmos Klima
Akr. Grías Pódia
Akr. Karsoúni
Kávos Metzíki
Vareloúdi
Βαρελουδι
Στενον Σαμου
Stenón Samou
Bayrak Adası
Karakol Burnu
103
Zeytin Burnu
TÜRKIYE
161
Ilyasağa Tepesi
241

A
B
C
120
Ágii Theódori
Άγιοι Θεόδωροι
Plátanos
Πλάτανος
923
1026
917
673
572
Chamouli-Giaxi
(Platanou-Neochoriou-Koumaiikon)
Χαμούλι-Γιαξί
(Πλατάνου-Νεοχωρίου-Κουμαίικων)
12
Kouméika
Κουμαίικα
Neochóri
Νεοχώρι
Órmos Kouméika
Όρμος Κουμαιίκων
Bálos
Pefkos
Πεύκος
Pefka
Skouréika
Σκουραίικα
Kambos Skoureikon
Κάμπος Σκουραίκων
Pérri
Πέρρη
Kalogeriko
Καλογερικό
Kirgianni
Κύργιαννη
Limnonáki
Λιμνονάκι
Avanti
Αβάντι
Kólpos Marathókambou
Κολπος Μαραθοκαμπου
Akr. Kefáli
Samiopoúla
Σαμιοπούλα
154
10
1 km
0.62 mi

D
E
F
121
Profítis
1153
Ilías
Βράχος Δενδριάς
λου-Μανολάτων
Zoodóchos Pigí
1055
501
1
Pándrosso
Πάνδροσο
590
Mesógio
Μεσόγειο
644
Rémma Agíou Ioánnou
355
Mavratze
Μαυρατζαίοι
2
Réma
Giogides
Γιώνιδες
Moní Timíou Stavroú
Μονη Τιμιου Σταυρου
Koumaradéi
Κουμαραδαίοι
3,5
13
1
Mavratzeíon
Chóra
Χώρα
5,5
3
Moni Megális Panagiás
Μονη Μεγαλης Παναγιας
5
Ágios Nikólaos
1,5
Múloi
Μύλοι
Potamos Imvrasos
2
Pagóndas
Παγώνδας
4,5
9
Ágios Ioánnis
4
Pýrgos Sarakinís
Heraion
Ηραιον
1,5
Ágios Nikólaos
Αγιος Νικολαος
Iréo
Ηραίο
Kakórremma
6
Moni Evangelístrias
Pagónia
516
Παγωνια
5
Akr. Asprókavos
Karavótra
Καραβοτρα
11
Akr. Aspropetra
Akr. Sikiá
Akr. Tsópela
Akr. Kolónna
Órmos
Kyriakoú
6

A
B
C
1
2
3
4
5
6
Akrotíri Melaniós
Melaniós
Kambiá
1297
Pelinéo
Kardámila
Mármaro
Fitá
Volissós
Delphinion
Pitioús
Langáda
Sidirounda
Marathóvounos
Anávatos
796
Vrondádos
Híos
Híos
Χίος
Líthio
Néa Moní
Halkió
Karfás
JKH
Passá Limáni
Véssa
Akrotíri Mestón
Mestá
Eláta
Armólia
Kallimassiá
Nénita
Pirgí
Kómi
Káto Fanó
Emporion
Emboriós
Akrotíri Mástiho
Psará
Mitilíni
Inoússes
Inoússes
Passás
Kara Ada
Top Burnu
Dalyanköy
Erythrai
Ildır
Çeşme
Çiftlikköy
Ovacık
304
Alaçatı
Tursite
Ilıca
Sifne
Resdere
Barbaros
Karaköy
Kadıovacık
Gülbahçe
Uzunkuyu
Zeytineli
Zeytinler
Yumru Limanı
Deniz Kıran Dağı
KampYeri
712
363
Ak Dağ 1218
Balıklıova
300
75
Pireás, Rafína
Teke Bu
EGÉO
PÉLAGOS
ELLÁDA
Kosmadéi
Kallithéa
1433
Ágia Kiriakí
Ágia Kiriakí
Akrotíri Fanári
Ikaría
Perdíki
Armenistís
Évdilos
Thérma
Ágios Kírikos
1037
Hristós
Plagiá
Amálo
1033
Akrotíri Pápas
Thímena
Thímena
Foúrni
Foúrni
Ágios Minás
Náxos, Pireás, Ermoúpoli
Tínos, Míkonos
Míkonos, Ermoúpoli
Páros, Náxos
Ikárion Pélagos
Pátmos
Akrotíri Tso
Kámbos
Skála
Pátmos
Moní Agíou Ioánnou
10 km
6.24 mi
Náxos, Pireás

D
E
F
1
2
3
4
5
6
İzmir Körfezi
İZMİR
Kemalpaşa
Kemalpaşa Ovası
Sıpıl Dağı Milli Parkı
Karaoğlanlı
Sabuncubeli Geçidi
Yakaköy
Ulucak
Sancaklıiğdecik
Çambel
Yamanlar
Ulacak
Tuzçullu
Seyrek
Havaüssü
Kaklıç
Sasallı
Çamaltı
Organize Sanayi
Karşıyaka
Çiğli
Bornova
Alsancak
Belkahve Geçidi
Pınarbaşı
Işıklar
Nif Dağı
1506
Armutlu
Ören
Yukarıkızılca
Karabel
(465)
Kaynaklar
Otoyol Ayrımı
Buca
Gaziemir
Balçova
Balçova Dağı
Narlıdere
Güzelbahçe
Çeşmealtı
Klazomenai
Özbek
Urla
Yelki
Teke Dağı
1040
ADB
Kanberler
Belenbaşı
Dağkızılca
Osmaniye
Efençukuru
Görece
Çatalca
Tahtalı
Bademler
Ulamış
Menderes (Cumaovası)
Oğlananası
Ayrancılar
Yazıbaşı
Korucuk
Helvacı
Karakuyu
Kızılova
Çırpı
Hasköy
Düzce
Beyler
Orhanlı
Yeniköy
Develi
Tekeli
Pancar
Torbalı
Arslanlar
Çaybaşı
Seferihisar
Sığacık
Kale
Teos
Şaşal
Tahtalı Barajı
Keler
Bulgurca
Çileme
Karakuyu
Yeniköy
Ayaklıkırı
Subaşı
Ahmetli
Belevi
Boğaziçi
Üzümler
Selatin Tüneli
Ürkmez
Lebedos
Kolophon
Değirmendere
Doğanbey
Gümüşsu (Gümüldür)
766
TÜRKİYE
781
Doğanbey Burnu
Özdere
Ahmetbeyli
Claros
Notion
Selçuk
(19)
Pamucak
Efes (Ephesos)
Kuşadası
Meryemana
Çamlık
Kızılcapınar
Ortaklar
Kuşadası Körfezi
Gökcealan
Gümüşköy
Magnesia
Mursallı
Üzümlü
1019
Sazlı
Söke
(38)
Akrotíri Prásso
Avlákia
Vourliótes
Idroússa
Kokkári
Sámos
Kamára
Vathí
Plátanos
Pándrosso
Mitilínii
Akrotíri Katsoúni
Psilí Ámmos
Marathókampos
Pírgos
Hóra
Kouméika
Heraion
SMI
Pithagório
Pagóndas
Iréo
Spatharéi
Kólpos Marathokámbou
Dilek Yarımadası Milli Parkı
Panionion
Güzelçamlı
1046
Priene
Davutlar
Savulca
Yeşilköy
Burunköy
Bağarası
Dilek Dağı
1237
Doğanbey
Güllübahçe
Özbaşı
Sayrakçı
Dil Burnu
Karine
Atburgazi
Tuzburgazi
Balat Ovası
Avşar
Yeniköy
Karakaya
Myos
Sarıkemer
Gölönü
Bafa Gölü (Çamiçi Gölü)
Herakleia (Latmos)
Kapıkırı
Milet
Balat
Yeniköy
Akköy
Çamiçi
Pınarcık
Karabal Tüneli
Teichiussa
Sámos
Agathoníssi
Arkí
Lipsí
277
Didim
Didim (Didyma)
Altınkum
Akbük
Akbük Limanı
Kazıklı
Kazıklı Limanı
Kızılağaç
Tekeağaç Burnu
Farmakoníssi
Güllük Körfezi
Léros
Parthéni
O-30
O-31
O-32
E87
E96
300
505
550
565
515
525
62

KARTENLEGENDE

Autobahn · Gebührenpflichtige Anschlussstelle · Gebührenstelle · Anschlussstelle mit Nummer · Rasthaus mit Übernachtung · Raststätte · Kleinraststätte · Tankstelle · Parkplatz mit und ohne WC	Trento 11	Motorway · Toll junction · Toll station · Junction with number · Motel · Restaurant · Snackbar · Filling-station · Parking place with and without WC
Autobahn in Bau und geplant mit Datum der voraussichtlichen Verkehrsübergabe	Datum Date	Motorway under construction and projected with expected date of opening
Zweibahnige Straße (4-spurig)		Dual carriageway (4 lanes)
Fernverkehrsstraße · Straßennummern	14 E45	Trunk road · Road numbers
Wichtige Hauptstraße		Important main road
Hauptstraße · Tunnel · Brücke		Main road · Tunnel · Bridge
Nebenstraßen		Minor roads
Fahrweg · Fußweg		Track · Footpath
Wanderweg (Auswahl)		Tourist footpath (selection)
Eisenbahn mit Fernverkehr		Main line railway
Zahnradbahn, Standseilbahn		Rack-railway, funicular
Kabinenschwebebahn · Sessellift		Aerial cableway · Chair-lift
Autofähre · Personenfähre		Car ferry · Passenger ferry
Schifffahrtslinie		Shipping route
Naturschutzgebiet · Sperrgebiet		Nature reserve · Prohibited area
Nationalpark · Naturpark · Wald		National park · natural park · Forest
Straße für Kfz. gesperrt		Road closed to motor vehicles
Straße mit Gebühr		Toll road
Straße mit Wintersperre	XII-II	Road closed in winter
Straße für Wohnanhänger gesperrt bzw. nicht empfehlenswert		Road closed or not recommended for caravans
Touristenstraße · Pass	Weinstraße 1510	Tourist route · Pass
Schöner Ausblick · Rundblick · Landschaftlich bes. schöne Strecke		Scenic view · Panoramic view · Route with beautiful scenery
Heilbad · Schwimmbad		Spa · Swimming pool
Jugendherberge · Campingplatz		Youth hostel · Camping site
Golfplatz · Sprungschanze		Golf-course · Ski jump
Kirche im Ort, freistehend · Kapelle		Church · Chapel
Kloster · Klosterruine		Monastery · Monastery ruin
Synagoge · Moschee		Synagogue · Mosque
Schloss, Burg · Schloss-, Burgruine		Palace, castle · Ruin
Turm · Funk-, Fernsehturm		Tower · Radio-, TV-tower
Leuchtturm · Kraftwerk		Lighthouse · Power station
Wasserfall · Schleuse		Waterfall · Lock
Bauwerk · Marktplatz, Areal		Important building · Market place, area
Ausgrabungs- u. Ruinenstätte · Bergwerk		Arch. excavation, ruins · Mine
Dolmen · Menhir · Nuraghen		Dolmen · Menhir · Nuraghe
Hünen-, Hügelgrab · Soldatenfriedhof		Cairn · Military cemetery
Hotel, Gasthaus, Berghütte · Höhle		Hotel, inn, refuge · Cave
Kultur		**Culture**
Malerisches Ortsbild · Ortshöhe	WIEN (171)	Picturesque town · Elevation
Eine Reise wert	★★ MILANO	Worth a journey
Lohnt einen Umweg	★ TEMPLIN	Worth a detour
Sehenswert	Andermatt	Worth seeing
Landschaft		**Landscape**
Eine Reise wert	★★ Las Cañadas	Worth a journey
Lohnt einen Umweg	★ Texel	Worth a detour
Sehenswert	Dikti	Worth seeing
MARCO POLO Erlebnistour 1		**MARCO POLO Discovery Tour 1**
MARCO POLO Erlebnistouren		**MARCO POLO Discovery Tours**
MARCO POLO Highlight	1	**MARCO POLO Highlight**

FÜR IHRE NÄCHSTE REISE ...

ALLE **MARCO POLO** REISEFÜHRER

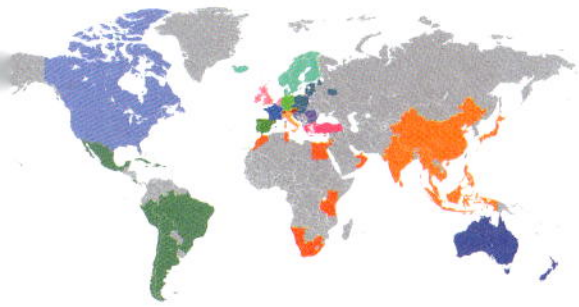

DEUTSCHLAND

Allgäu
Bayerischer Wald
Berlin
Bodensee
Chiemgau/ Berchtesgadener Land
Dresden/ Sächsische Schweiz
Düsseldorf
Eifel
Erzgebirge/ Vogtland
Föhr & Amrum
Franken
Frankfurt
Hamburg
Harz
Heidelberg
Köln
Lausitz/Spreewald/ Zittauer Gebirge
Leipzig
Lüneburger Heide/ Wendland
Mecklenburgische Seenplatte
Mosel
München
Nordseeküste Schleswig-Holstein
Oberbayern
Ostfriesische Inseln
Ostfriesland/Nordseeküste Niedersachsen/Helgoland
Ostseeküste Mecklenburg-Vorpommern
Ostseeküste Schleswig-Holstein
Pfalz
Potsdam
Rheingau/ Wiesbaden
Rügen/Hiddensee/ Stralsund
Ruhrgebiet
Schwarzwald
Stuttgart
Sylt
Thüringen
Usedom
Weimar

ÖSTERREICH SCHWEIZ

Kärnten
Österreich
Salzburger Land
Schweiz
Steiermark
Tessin
Tirol
Wien
Zürich

FRANKREICH

Bretagne
Burgund
Côte d'Azur/ Monaco
Elsass
Frankreich
Französische Atlantikküste
Korsika
Languedoc-Roussillon
Loire-Tal
Nizza/Antibes/ Cannes/Monaco
Normandie
Paris
Provence

ITALIEN MALTA

Apulien
Dolomiten
Elba/Toskanischer Archipel
Emilia-Romagna
Florenz
Gardasee
Golf von Neapel
Ischia
Italien
Italienische Adria
Italien Nord
Italien Süd
Kalabrien
Ligurien/ Cinque Terre
Mailand/ Lombardei
Malta & Gozo
Oberital. Seen
Piemont/Turin
Rom
Sardinien
Sizilien/ Liparische Inseln
Südtirol
Toskana
Venedig
Venetien & Friaul

SPANIEN PORTUGAL

Algarve
Andalusien
Azoren
Barcelona
Baskenland/ Bilbao
Costa Blanca
Costa Brava
Costa del Sol/ Granada
Fuerteventura
Gran Canaria
Ibiza/ Formentera
Jakobsweg Spanien
La Gomera/ El Hierro
Lanzarote
La Palma
Lissabon
Madeira
Madrid
Mallorca
Menorca
Portugal
Spanien
Teneriffa

NORDEUROPA

Bornholm
Dänemark
Finnland
Island
Kopenhagen
Norwegen
Oslo
Schweden
Stockholm
Südschweden

WESTEUROPA BENELUX

Amsterdam
Brüssel
Dublin
Edinburgh
England
Flandern
Irland
Kanalinseln
London
Luxemburg
Niederlande
Niederländische Küste
Schottland
Südengland

OSTEUROPA

Baltikum
Budapest
Danzig
Krakau
Masurische Seen
Moskau
Plattensee
Polen
Polnische Ostseeküste/ Danzig
Prag
Slowakei
St. Petersburg
Tallinn
Tschechien
Ungarn
Warschau

SÜDOSTEUROPA

Bulgarien
Bulgarische Schwarzmeerküste
Kroatische Küste Dalmatien
Kroatische Küste Istrien/Kvarner
Montenegro
Rumänien
Slowenien

GRIECHENLAND TÜRKEI ZYPERN

Athen
Chalkidikí/ Thessaloníki
Griechenland Festland
Griechische Inseln/ Ägäis
Istanbul
Korfu
Kos
Kreta
Peloponnes
Rhodos
Sámos
Santorin
Türkei
Türkische Südküste
Türkische Westküste
Zákinthos/Itháki/ Kefalloniá/Léfkas
Zypern

NORDAMERIKA

Chicago und die Großen Seen
Florida
Hawai'i
Kalifornien
Kanada
Kanada Ost
Kanada West
Las Vegas
Los Angeles
New York
San Francisco
USA
USA Ost
USA Südstaaten/ New Orleans
USA Südwest
USA West
Washington D.C.

MITTEL- UND SÜDAMERIKA

Argentinien
Brasilien
Chile
Costa Rica
Dominikanische Republik
Jamaika
Karibik/ Große Antillen
Karibik/ Kleine Antillen
Kuba
Mexiko
Peru & Bolivien
Yucatán

AFRIKA UND VORDERER ORIENT

Ägypten
Djerba/ Südtunesien
Dubai
Israel
Jordanien
Kapstadt/ Wine Lands/ Garden Route
Kapverdische Inseln
Kenia
Marokko
Marrakesch
Namibia
Oman
Rotes Meer & Sinai
Südafrika
Tansania/Sansibar
Tunesien
Vereinigte Arabische Emirate

ASIEN

Bali/Lombok/ Gilis
Bangkok
China
Hongkong/Macau
Indien
Indien/Der Süden
Japan
Kambodscha
Ko Samui/ Ko Phangan
Krabi/ Ko Phi Phi/ Ko Lanta/ Ko Jum
Malaysia
Myanmar
Nepal
Peking
Philippinen
Phuket
Shanghai
Singapur
Sri Lanka
Thailand
Tokio
Vietnam

INDISCHER OZEAN UND PAZIFIK

Australien
Malediven
Mauritius
Neuseeland
Seychellen

Viele MARCO POLO Reiseführer gibt es auch als eBook – und es kommen ständig neue dazu!
Checken Sie das aktuelle Angebot einfach auf: www.marcopolo.de/e-books

REGISTER

In diesem Register sind alle in diesem Reiseführer erwähnten Orte und Ausflugsziele sowie einige wichtige Sehenswürdigkeiten aufgeführt. Gefettete Seitenzahlen verweisen auf den Haupteintrag.